名师丛书

教师应该和能够做到的

董洁 编著

北京出版集团公司
北京教育出版社

图书在版编目（CIP）数据

教师应该和能够做到的 / 董洁编著 . — 北京 : 北京教育出版社 , 2020.1
（名校名师丛书）
ISBN 978-7-5704-0406-3

Ⅰ . ①教… Ⅱ . ①董… Ⅲ . ①师资培养—研究 Ⅳ .
① G451.2

中国版本图书馆 CIP 数据核字 (2018) 第 146261 号

名校名师丛书
教师应该和能够做到的

董洁　编著

*

北京出版集团公司
北京教育出版社　出版
（北京北三环中路 6 号）

邮政编码：100120

网址：www.bph.com.cn

北京出版集团公司总发行

全国各地书店经销

天津兴湘印务有限公司印刷

*

710×1000　　16 开本　　12 印张　　150 千字
2020 年 1 月第 1 版　　2020 年 1 月第 1 次印刷
ISBN 978-7-5704-0406-3

定价：36.00 元

前 言

"师者，人之模范"。教师劳动与其他劳动的最大不同点，就在于教师用自己的思想、常识和言行，通过示范的方式去直接影响劳动对象。教师本人是学校里重要的师表，是直观的模范，是学生鲜活的榜样。这就要求教师必须要注意自己的一言一行，起带头作用。为了解决现有的困惑和迎接新的挑战，教师需要掌握全新的知识和技能。

作为一名教师，应该具备怎样的知识和技能？哪些是教师应该做到的和能够做到的？本书为教师建立起了一个完整的框架，从一个全新的视角解读了教师应掌握和能够掌握的知识和技能。教师的一切应该做到的和能够做到的要从做一个健康的教师开始。另外，教师必须充分了解教育教学的各种方法，要考虑到成长环境、学习能力、语言和文化的影响，还要针对每位学生的性情、爱好和学习态度来选择适合的教学方法。教师要把教学当成一门艺术来拥抱，对学生充满关爱。除了有关学习和教学的基本知识以外，教师还必须树立终身学习的教学理念，不断地提高自己的专业素质、提升自己的教学技能，把读书当成一种习惯。本书贯穿了"立足教育、为了教育"的思想，密切联系教育现状，提出了一系列非常有价值的观点。

《教师应该和能够做到的》在紧贴实际的过程中显现出一种朴实的理论关怀，突出细节而不是高谈阔论，囊括了从教学实务到教师专业发展的诸多细节，探讨了教师所必须掌握的核心概念和策略。通过对学生学习和教师教学实践的现有研究成果进行讨论，为教师学习提供了建议。教师只有知道自己应该做到的和能够做到的，才可能在几个月或半年的时间里使自己的知识和技能迈向一个新的高度。

本书将注意力集中于本质、关键的内容，即怎样为教师以后的职业发展打下基础，以便使他们成为合格的教师。它所提供的是一个大的框架，而不是对教师发展的限制，更多的是一个指引，指导教师对复杂的教学活动进行分析，形成自己的一个完整的教学框架，并在此基础上根据社会的发展和变化不断进行调整、完善，以帮助教师在他们的职业道路上走得更好、更远。

　　本书的编写，完全从教师的角度出发，符合教师的眼光和审美，并且写作方式、难易程度、遣词造句、行文篇幅等，均紧扣教师工作、生活的现实情况。本书既适合广大教师阅读，又适合学校管理者阅读。

目 录

第一章

做一名健康的教师

第一节　你离心理健康有多远

一、教师心理健康的标准

作为教师，都有过这样的情感体验：责任感与使命感、自信与自卑感、压力与困惑感等。这些心理感受会因每个人的成长经历、性格特征和心理承受能力等不同而不同，这些不同赋予各自相应的情绪、情感、动机、目标、态度、行为，从而产生不同的结果。好的结果会给教师一种成功而愉悦的心理体验，使其更加自信；反之，不好的结果则会给教师一种不良的心理体验，使其感到自尊心受挫而失去自信，压力与困惑随之而来，长此以往，不仅工作的积极性和兴趣下降，其身心健康和工作效率也会直接受到影响。因此，教师心理健康不容忽视。

教师心理健康的七个标准：

1. 能积极地悦纳自我——即真正了解、正确评价、乐于接受并喜欢自己。承认人是有个体差异的，允许自己不如别人。

2. 有良好的教育认知水平——能面对现实并积极地去适应环境与教育工作要求。例如，具有敏锐的观察力及客观了解学生的能力；具有获取信息、适宜地传递信息和有效运用信息的能力；具有创造性地进行教育教学活动的能力。

3. 热爱教师职业，积极地爱学生——能从爱的教育中获得自我安慰与自我实现，从有成效的教育教学中得到成就感。

4. 具有稳定而积极的教育心境——教师的教育心理环境是否稳定、乐观、积极，将影响教师整个心理状态及行为，也关系到教育教学的工作效果。

5. 能自我控制各种情绪与情感——繁重艰巨的教育工作要求教师有良好的、坚强的意志品质，即教学工作中明确目的性和坚定性；处理问题时决策的果断性和坚持性；面对矛盾时沉着冷静的自制力，以及给予爱和接受爱的能力。

6. 和谐的教育人际关系——有健全的人格，在交往中能与他人和谐相处，积极态度（如尊重、真诚、羡慕、信任、赞美等）多于消极态度（如畏惧、多疑、嫉妒、憎恶等）。

7. 能适应和改造教育环境——能适应当前发展、改革与创新的教育环境，为积极改造不良教育环境、提高教学质量献计献策。

二、常见的教师不适当行为

我国医学心理学家丁瓒教授认为，人类的心理适应，最主要的就是对人际关系的适应，所以人类的心理病态，主要是由于人际关系失调造成的。研究中发现，许多人的社会适应不良，是由自己的异常行为引起的对应反应，自己所遇到的周围伤害，往往是自己不良行为的一种反弹。而教师的以下行为，大都会引起社会适应不良的后果。

教师的不适当行为主要表现在与学生的交往中，列举如下：

1. 趋炎附势。对家境各异的学生采取不同的态度，不能一视同仁。

2. 迁怒。做"观摩课"失败后，把责任推到学生身上，迁怒于学生，批评、斥责没给老师"露脸"或让老师"出丑"的学生。

3. 心理、语言、语气的伤害。对回答不上问题的、学东西慢的、做事经常遇到困难的学生，有的教师常说"你真笨"一类的话。

4. 偏激。有的学生举了手却没有回答上问题，老师不但没有表扬其发言的积极性，启发学生思考，反而说"你就会瞎举手，你什么都不行"。

5. 报复。对因想到答案便大声说出或"接下茬"而打断了老师讲话的学生，老师寻找机会提出高于学生知识面的问题，使其回答不上来，羞辱他，伤其自尊。

6. 怂恿。怂恿班里的学生语言攻击某一不遵守纪律的学生，或让全班同学不理睬某个学生，隔离孤立他，使其渐渐脱离集体，失去自信。

7. 言而无信。有的教师说话不算数，承诺了却不兑现，搪塞学生。

8．双重标准。对乖巧听话、守秩序的学生作业给分稍高点儿，对不认真听讲的学生则给分较低，对平日行为不规范的学生，想办法扣分或挑剔。

9．粗暴。学生上课不专心听讲，就将学生赶出教室，并且说："你不愿意听就给我滚出去。"学生上课稍微分心，教师就大声斥责："某某某，你给我站起来。"

10．不光彩做法。教师不在教室时，让班干部记下不守秩序学生的名字，课后交给老师。

11．株连。上课秩序不佳就罚全班，或用"连坐法"，少数人的不守纪律招致全班被处分。

12．滥用惩罚。惩罚性作业，即回答不出问题罚写作业，没有遵守纪律也罚写作业。

13．专制。学生不可反驳老师的意见，老师的一切都是好的，任何事情都以老师为依据。

14．权威意识。老师的尊严丝毫不能损伤，如有冒犯，便吹毛求疵，斤斤计较个人得失。

也许上述列举的教师的不适当行为未尽准确与全面，但已足以引起我们的重视。

三、心理健康一席谈

心理健康是指以积极、有效的心理活动，平稳、正常的心理状态，对当前和发展着的社会和自然环境做出良好适应。要按照不同年龄段的心理特征及其发展规律，通过各种有益、有效的教育和训练，以家庭和社会的良好影响来培养及维护健全的人格，使人们在工作、生活及家庭中保持心理健康。

健全的人格和正常的智力是人们保持心理健康的基本条件。

健全的人格含义甚广，其核心是人们的性格。人们的性格形成尽管有先天因素的影响，但后天的教育训练更为重要。健全的人格主要涵盖以下内容：

1．自我意识良好：人贵有自知之明，人们对自己应有正确的自我观察、自我表现认识、自我表现判断及自我表现评价。人们能够正确地对待自己，才能正确地对待他人及周围事物，才可能减少心理负担或应激，才能使自己有恰当的期望值，而不会由于期望过高，而反复忍受失败和挫折所带来的痛苦、失望、抑郁及焦虑。

2．良好的社交能力：如果处理不好人际关系和社会交往，就会产生种种心理冲突或矛盾。人们在处理人际关系时应遵循以下原则：

（1）平等的原则：人们都有被关爱和受人尊敬的需要。

（2）相容的原则：人们各有自己的性格特点。与人交往，处事要心胸开阔，谦虚谨慎和宽容大度，要严于律己、宽以待人，不能只图私利，斤斤计较。

（3）互惠互利原则。

（4）信用原则：谨遵诺言，以诚相见，热情友好，不卑不亢。

3．情绪稳定，心态平和：我们遇到高兴的事不可得意忘形，遇到不愉快之事也不应暴跳如雷。一事当前，要面对现实，努力使自己平静下来，对原则问题要严肃对待，平静处理；对鸡毛蒜皮之事不要过多计较。

4．善于自我控制：对自己的思维、情绪及行为能有意识地加以调控。人们在社会生活中，应不断积累经验，吸取教训，加强情绪心态的调控能力。

5．对精神刺激或压力的耐受性及康复能力：一生中从不遇到精神刺激或压力的人是不存在的。人们既应有成功愉快的准备，也应有遇到困难、遭受失败或遇到挫折的准备。如果我们凡事都提前做了思维准备，就能提高对精神刺激的耐受力。

在蒙受严重打击或受了委屈后，任何人都会出现情绪反应，焦虑抑郁情绪也在所难免。但我们不能总是停留在此阶段，而应尽早走出困境，这就是我们所说的康复力。

乐观通达，面对现实，对事业有进取之心而不好高骛远，与人相处要以真诚为基础，以友谊为重，严于律己、宽以待人。开展丰富多彩的业余生活，坚持适度的体育锻炼，也是保持心理健康的重要内容。

四、哪些心理问题应该咨询

心理咨询，是指当碰到心理卫生问题时，找心理医生进行咨询并寻求指导，那么，究竟有哪些问题可以通过心理咨询加以解决呢？

1. 心理危机：当一个人遇到沉重的心理创伤和打击，如理想、目标和事业的丧失，亲人的意外死亡，人际关系的恶化等导致精神濒临崩溃，而又一时难以应付，无法解脱时，可以进行心理咨询。专业的咨询人员会运用危机处理的原则和方法，根据危机的性质向来访者进行疏导，制订解除危机的方法与步骤，帮助来访者摆脱困难，从而恢复心理平衡。

2. 生活问题：恋爱、婚姻、家庭等问题，职业的困惑，适应不良，学习困难，人际关系问题，以及酒精和药物依赖等各种心理卫生问题，均可向心理咨询专家求助。

3. 身心疾病：许多躯体疾病，如高血压、冠心病、肿瘤等，其发生、发展与转轨也均与心理社会因素有一定关系，医学上称之为身心疾病。情绪的困扰、紧张、压抑，不仅可以导致身心疾病，还可以使身心疾病恶化，当身心疾病患者陷入情绪困境时，应及时进行心理咨询，从而解除心理压力，以防止躯体疾病加重。

4. 精神障碍：如患神经症、人格改变或其他精神障碍者，可就有关药物治疗、社会功能康复、婚姻与生育等问题征求医生的意见。

5. 其他心理卫生问题：如家庭、群体的心理卫生问题，亦可进行心理咨询。

第二节　教师如何保持心理健康

一、情商——心理健康新概念

近些年来，国外心理学家们提出了情商的概念。所谓情商，是测定和描述人的"情绪情感"的一种指标。它具体包括情绪的自控力、人际关系的处理能力、挫折的承受力、自我的了解程度以及对他人的理解与宽容等。现代心理学家认为，情商与智商同样重要，是个人走向成功的一个重要因素。

美国心理学家高曼综合心理学的研究成果认为，情商与智商不同，它不是天生注定的，而是由下列5种可以学习的能力组成的：

1．了解自己的情绪的能力。能够立刻察觉到自己的情绪，了解产生情绪的原因。

2．控制自己的情绪的能力。能够安抚自己，摆脱强烈的焦虑忧郁以及控制刺激情绪的根源。

3．激励自己的能力。能够整顿情绪，让自己朝着既定的目标努力，增强注意力与创造力。

4．了解别人的情绪的能力。理解别人的感觉，察觉别人的真正需要，具有同情心。

5．维系融洽的人际关系的能力。能够理解并适应别人的情绪。

心理学家认为，这些情绪特征是生活的动力，可以让智商发挥更大的效应。情商还是影响个人健康、情感、人际关系的重要因素。

情商为人们开辟了一条事业成功的新途径。它能使人们摆脱过去唯智商论所造成的无可奈何的宿命论态度。

二、快乐与心理健康

一个精神充实、生活充满快乐的人必然是一个心理健康的人，心理健康是生理健康的重要保证。科学证明，心理健康状态与疾病的发生、发展与家庭、社会、事业都密不可分。因此，乐观的心理状态是人生健康的四大指标之一。

美国心理学界用了10年时间，对100多个国家和地区的1万多人进行跟踪调查，发现快乐是人类特有的一种心理感受。两个生活处境相同的人，乐观者往往健康无恙，即使偶尔患病，也容易不药自愈。这是因为乐观者能沉浸在内啡肽的世界里。内啡肽这种物质很重要，每当一个人感觉快乐时，脑内就分泌出这种有助于缓和精神紧张的物质。研究大脑免疫系统的美国切斯特大学神经生理学教授戴维·菲尔顿指出，脑内分泌内啡肽时，人体免疫力也随之提高，从而提升防御疾病、维持身体健康能力。

由此可见，一个人想要长寿，应当学会快乐、分享快乐、把握快乐。生活中处处有快乐的因子，一件事、一样物品、一句话，甚至一个眼神，都包含着快乐的因子，只是我们平时不懂发现和把握罢了。只有让自己的心灵学会放松，才能与快乐相遇，才能保证身心健康。

三、心理"按摩"促健康

生活中，人们常被一些不愉快的事情困扰，而进行心理"按摩"是驱走不快、除去困扰的良方。进行心理"按摩"的方法很多，简单易行的有以下几种：

幽默：幽默能驱走烦恼，使痛苦变成欢乐，使尴尬变为融洽。家庭中有了幽默，便有了欢乐和幸福；夫妻间有了幽默，便能相知相爱。

逗笑：一笑解千愁。笑是心理困惑的润滑剂，是生活的调节剂，有利于消除心理疲劳、活跃生活气氛。生活中有了笑声，就有了美的呼吸。在亲朋好友心情不快之时，你不妨逗他一笑；在自身产生苦恼时，你不妨想想曾经历的趣事以舒解心情。

听歌：古今中外都有音乐疗疾之说。音乐可以陶冶情操，使人从中获得力量。听歌不仅是一种美的享受，还能调节人的情绪，每当心情沮丧之时，不妨听一曲你喜爱的歌，让它把你带入另一个天地。

赏花：花草是美的象征，赏花是进行心理"按摩"的好方法。置身花木之中，以花为伴，与花交友，可使人心舒气爽，忘却心中的不快。你不妨在阳台或室内育几株花，视为伙伴。

进行娱乐活动：时不时开展一些娱乐活动，能活跃家庭气氛，丰富家庭生活，密切老幼关系，增进友爱，这样一来，亲人之间多了互敬互爱，少了口角纠纷。

美国加州心理研究所执行主任德博拉·罗斯爱博士说："一个人每天可以慢跑8公里和摄取各种健康食品，但与亲属或同事发生一次争吵就能毁掉他几天的生活质量。"此语道出了心理健康的重要性。

四、信念疗法让你生活更积极

精神和信念对人心理的影响，早已为人们所重视，信念疗法已成为治疗疾病的一种重要辅助手段。其实，在心理学研究中，一些著名的实验都从不同的侧面证实了信念、情绪在治疗疾病和激励行为中的重要作用。

两只羊羔的不同命运

古代阿拉伯著名学者阿维森纳，曾把一胎所生的两只羊羔置于不同的外界环境中生长：一只小羊羔随羊群在水草地快乐地生活；而另一只不幸的羊羔却被拴在一只狼的旁边，它总是受到自己面前那只野兽的威胁，在极度惊恐的状态下，根本吃不下东西，日渐消瘦，不久就因恐惧而死去。医学心理学家还用狗做嫉妒情绪实验：把一只饥饿的狗关在一个铁笼子里，外面放上它爱吃的肉骨头，这只狗因吃不到眼前的食物而表现出急躁情绪。这时，实验者再给它一个更强的刺激——让另一只狗当着它的面啃吃这块它求之不得的食物。笼内的狗在急躁、气愤和嫉妒的负性情绪状态下，产生了神经症性的病态反应。实验告诉我们：恐惧、焦虑、抑郁、嫉妒等负面情绪，都能导致身心疾病的发生。因此，我们应当学会调整负面情绪，培养自己豁达、开朗、宽容、友善的性格特征。

信念就是免疫力

美国心理学家罗森塔尔曾做过一项有关期望和信心对人的影响的实验，通过该实验来研究教师对学生的期望对学生成绩的影响。

罗森塔尔来到一所乡村小学，给各年级的学生做语言能力和推理能力的测验，测完之后，他没有看测验结果，而是随机地选出20%的学生，告诉他们的老师说这些孩子很有潜力，将来可能比其他学生更有出息。8个月后，当罗森塔尔再次来到这所学校时，奇迹出现了，他随机指定的那20%的学生成绩有了显著提高。

在这里，老师的期望显然起了关键的作用。这个实验告诉我们，你对他人的期望会间接地产生巨大的效果。如果我们以积极的态度期望别人，别人就可能会朝着积极的方向改进；反之，我们对他人的偏见也能产生消极的影响。科学家认为，人的希望、信念、期待和求生意识可以让身体中释放出增强免疫力的化学物质，从而提高人体对疾病的抵抗力，在人们的激励行为、克服困难和与疾病的抗争过程中起到积极作用。

五、学会享受"幸福感"

现今人们做事越来越追求速度和结果，然而，人们得到的幸福感却似乎并没有同比增长。

现在，家长都在为孩子的早期教育煞费苦心，有的家长不惜重金买来钢琴，把家教请回家，以培养孩子的高雅气质；有的家长不惜劳苦，送孩子出国留学，以期能超越同龄人；还有的家长拼命往孩子的作息表上塞进书法、舞蹈等培训班的课程。家长们有个共同的信念：学得越多，本领越大，将来越幸福。可是，事实真是这样的吗？

中国科学院的心理专家在珠江三角洲做了一次"幸福感"的心理调查，结果令人吃惊：这群被外人认为幸福的人们，竟感到不如10年前幸福。心理学家因此得出结论：幸福并不与财富拥有成正比；一个人的幸福在很大程度上与此人的"幸福感"有关，幸福感强烈的人，更能体会生活中的细微快乐，更能捕捉到生活中的快乐。

一个在溺爱环境中长大的孩子，各种心理需要都会得到及时的满足，是肯定没有"幸福感"的。因为"幸福感"往往在追求的过程中形成；一个暴殄天物的人也是没有"幸福感"的，因为他不知道物质的价值。幸福感存在于心理满足的过程之中，存在于自身潜能发挥的过程中。

心理学家曾做过这样的实验：随机抽样选取一群孩子，给他们每人几粒糖果，告诉他们，如果在10分钟以后再吃这些糖将会再得到一粒糖果，如果现在就吃则不能得到。10分钟后，有的小孩没有吃，因此得到了他盼望的一粒糖果，快乐无比，而此时没有再次得到糖果的小孩则显得格外落寞。事实不仅如此。心理学家还通过追踪发现，那些当年延迟满足自己欲望的小孩长大后更具有"幸福感"，对工作更满意，人际关系更和谐。

现在的问题是，我们更多地被告知要追求速度。照相要立等可取，吃饭要招之即来，火车要提速，连谈恋爱也讲究速配……，总之人人都在追求速度。如果凡事只注重结果，只求占有，怎么会有"幸福感"呢？人的欲望是个无底洞，即使占有了整个世界也未必就能感到满足，也没有"幸福感"。

"幸福感"要从小培养，要学会体味事物的发展过程而非结果，要学会延迟满足。教给孩子十八般武艺，不如培养他健全的幸福观。

六、静静地坐一坐

静静地坐一坐，停下疲惫的步伐，在随着晚风一起飘泻下来的朦胧月光下，让生活中的一切烦恼都悄无声息地沉寂下去，在静中追寻心灵的气象万千，与自己进行一次默默的交流，聆听心泉的汩汩涌动之声，感受生命的真实意义，可以对自己纵情地笑，可以对自己纵情地哭，适当的时候，还可以把行将霉变的心情故事拿出来抖一抖，晒一晒，重换一片艳阳天。

静静地坐一坐，把忙碌了一天的身心放松，想象自己正处在辽阔的草原、广袤的田野、汹涌奔腾的大海上。让粗犷的草原之风吹醒因忙于功名利禄而昏沉沉的大脑；让田野的自然灵气，像苏子泛舟于赤壁那般，滋润干涸的心灵；让瀚海之浪涤荡满是尘埃的面目，把叹息与困苦深葬于永远蔚蓝的大海深处。

静静地坐一坐，在遭受挫折、委屈之后，听一听深巷中春雨婉转的韵律，听一听芭蕉叶上秋雨缠绵的曲调，体会出原来自己刻意追求的东西在失去时一切并未改变，"逝者如斯夫"，算了吧，过去的再也不去理会它，任自己一马平川，自由驰骋，想去哪里就去哪里，想干什么就干什么，展开想象的翅膀，飞进理想王国，把一切欲望了结在自己的国度里，然后清清爽爽，满怀信心，起锚扬帆，迎接又一个亮丽的明天。

静静地坐一坐，捧一杯淡淡的茶，或饮一杯醇香的咖啡，在阳台上，在海堤边，面对落日如金、暮色如玉的黄昏，在心底吟一段"三分秋色，二分流水，一分尘土"，或唱一曲"春山更在斜阳外"，心情便会不自觉地神怡起来，发现那些自己曾为之焦头烂额、马不停蹄追逐的原来都是虚无，只有把握中的现实才是真的。

静静地坐一坐，看着家人忙忙碌碌默默地收拾庭院，或看着小儿昏昏欲睡在妻子怀里，或聆听老母喋喋不休的自言自语，体会真实的生活，不带伪装的自然的心态，会让你忘掉世间的一切纷争和尔虞我诈，然后你会领悟这才是你真正的避风港，这才是你真正的和平屋，而这和平蕴蓄的力量，又会敲响你前进的鼓点，让你驰骋人生的战场。

第三节　教师身体保健

做一名健康的教师，不仅心理要健康，身体也要强健。身体是革命的本钱，是教师全身心投入工作的保证。教师群体作为知识的传播者，用脑用眼较多，本节专门与广大教师分享爱脑之道和爱眼之道。

一、呵护你的大脑

教师作为学生学习的组织者、指导者、合作者，不可避免地每天从事着高脑力活动，脑无疑是这些活动的统领、将军。因此，教师了解必要的脑科学知识、懂得呵护自己的大脑显得尤为重要。

（一）脑神经生物学

脑、脊髓和全身的周围神经共同构成神经系统。神经系统又可分成中枢神经系统和周围神经系统两个部分。前者包括脑和脊髓，后者由遍布全身的神经网络组成，具有联系脑、脊髓和身体各部的作用。

脑的功能既重要又神秘。人的思想、信仰、记忆、行为、情感都与大脑密不可分。脑是思维的场所，控制机体的中枢，具有协调人体躯体感觉、视觉、听觉、嗅觉、运动功能的能力。正是因为有了大脑，人们才得以讲话、计数、作曲、欣赏音乐、识别几何图形、相互理解和彼此交流。大脑还具有制订计划和进行想象的能力。

脑对来自身体表面或内部器官以及眼、耳、鼻的各种刺激进行整合，然后通过调整体位、调节四肢运动以及脏器的活动对上述刺激做出反应，并参与情感和觉醒程度的调节。

有人把计算机比作大脑，但到目前为止，还没有任何计算机的功能可以和大脑相比。大脑并非永动机，它需要连续不断的血液、氧气和营养供应。一般而言，心脏输出的血液约1/5供给了脑。如果血供中断超过10秒钟，就可能引起意识丧失。血氧、血糖水平过低或血中含有有毒有害物质，则可在数秒钟内引起大脑功能异常。机体的自身调节机制保护着大脑免受损害。

（二）头痛

头痛是最常见的疾病临床表现之一，有些人经常头痛，而有的人却很少头痛。慢性、反复发作的头痛虽然令人痛苦，但愈后一般较好。一旦头痛性质有所改变，如由偶尔发作变为经常发作或由轻度头痛变成剧烈头痛，则预示着严重疾病的可能，需要到医疗机构诊治。

多数头痛属肌紧张性头痛、偏头痛或原因不明之头痛。不少头痛与眼、耳、鼻、喉及牙齿有关。多数由眼睛疲劳引起的头痛实际上是紧张性头痛；突发的、剧烈的眼或眼周疼痛可能是因为眼压高（青光眼），需急诊处理。高血压常有头痛、头胀的感觉，但很少引起慢性头痛。

（三）预防头痛的好建议

据调查，约有90%的头痛属于肌肉收缩或所谓紧绷性的头痛。一般的头痛是遍布整个头部。你可能觉得有钝痛或头有紧绷感，或许还感到头脑意识不清。大部分人的感觉是觉得好像有条绷带将头缠住。然而，专家也不确定所谓的紧绷性头痛，是否都是由肌肉收缩引起的。

即便是专治头痛的医师，也无法保证能诊断出病人所患的是哪一种类型的头痛。目前尚无一套测试方法，能告知病人究竟是患了偏头痛，还是紧张性头痛。当你曾经出现或正在出现头痛症状时，请记住下面这些方法，或许会对你有所帮助。

服用适量的阿司匹林

对于一个月发生一两次的紧张性头痛，阿司匹林或其他常见的消炎药可派上用场。但过度使用这类药物，将引起更多疼痛，就像用手挠疹子，会愈挠愈痒。

勿迟疑

若你决定使用阿司匹林治头痛，应在头痛一开始时就立即服用，否则效果不明显。

14

运动

运动是预防头痛的有效方法之一，因为运动可以帮助你排解紧张情绪与压力。

如果头痛的情形不太严重，则运动有利于改善情况。假使你有轻微的紧绷性头痛，运动可以帮助你消除这一症状。但若头痛剧烈，切勿运动，以免情况更糟，尤其是偏头痛患者。

睡觉

许多人用睡觉消除头痛，但应避免睡得过多，以免睡醒后，反而使头痛继续。

深呼吸

深呼吸是缓解紧张的好方法。当你胃部的起伏比胸腔还明显时，表示你的做法很正确。

自我检查

专家建议人们检查自己是否有任何紧张的征兆，包括紧咬牙齿、握紧拳头、肩膀耸起。这些征兆都可能引起头痛。

按摩穴道

有两个主要的止痛穴道，一个是在拇指与食指相连的部位（用力压至感觉疼痛为止），另一个是在颈部背后的脊椎两侧（用两只拇指同时施压）。

戴头带

在头上绑一绷带，可减少流向头皮的血液，从而减轻偏头痛。

避免嘈杂

过多的噪声是引发紧张性头痛的常见原因。

注意咖啡因的用量

假使你未服用适量的咖啡因，你的血管将扩张，可能促发头痛。但服用过量咖啡因也可能使你头痛。因此，最好限制每天喝不超过两杯咖啡。

少吃盐

有些人摄取高量的盐也会引发偏头痛。

准时用餐

省略或延迟用餐皆可能引起头痛。错过一餐，会引起肌肉紧绷，而当血糖因缺乏食物而降低时，脑部的血管就会收缩。当你再度进食时，会使这些血管扩张进而引发头痛。

一位慢性头痛的患者说：我发现若我不经常吃东西，就会出现头痛。现在，我改成少量多餐，结果似乎颇有帮助。另外，避免对你不利的食物。有些人发现牛奶对他们不利，当他们禁食牛奶后，头痛也减少了。也应注意其他会引起头痛的食物，如热狗及一些腌渍食品，它们含硝酸，此化学物质会扩张血管，引起剧烈头痛。

慢慢品尝冰淇淋

你可能还记得曾经大口地吃下冰淇淋，随后便出现一阵剧烈的头痛。所以，不妨慢慢地品尝，使你的口腔逐渐适应冰冷。

培养幽默感

如果你经常把事情看得很严重，你可能常板脸皱眉，满脑都是烦恼，这也难怪你常患头痛。应学会放松自己，看淡周围事物。

服用维生素C及阿司匹林

高海拔处会引发头痛。此时，服用维生素C及阿司匹林有益。

当你要到高海拔处旅行时，应在出发前一天及旅途中，每天服用3000～5000毫克维生素C，以及两片阿司匹林。（服用前先请教医师。服用任何高剂量的维生素之前，都应得到医师许可）

做脸部美容操

下面介绍的7种柔软操是专为脸部及头皮设计的，它们可以帮助你松弛这些部位的肌肉，并使你在初有头痛的征兆时，采取控制行动。

扬眉：同时将两边的眉毛抬起，再放下。

闭眼：快速地闭上双眼，放松；接着，用力闭右眼，放松；接着，闭左眼，放松。

皱眉：用力地挤眉，放松。

张嘴：慢慢地将嘴巴张到最开，再慢慢闭上。

移动下颚：嘴巴微张，左右移动下颌。

皱鼻：用力将鼻子向上挤，像闻到恶臭一样。

扮鬼脸：随兴地做鬼脸，像小时候一样。别担心，你的脸不会因此出现皱纹。

二、呵护你的眼睛

（一）让你的眼睛炯炯有神

眼科医生经常遇到这样的病人，他们的症状为眼干涩不舒服，甚至干燥、畏光、视物模糊。这类病人的职业大多是计算机操作人员、文字编辑、美术工作者、教师及刺绣工作者等。随着电脑在工作、生活中的普及，这种情况更为常见。他们的症状并不是病理变化所引起，而是由于用眼不当所致。

目不转睛害处多

长时间聚精会神、目不转睛对眼睛的危害是极大的。首先，神经高度紧张会使眼睛发胀，视神经功能慢性减退；再者，长时间近距离用眼，会促使轴性近视的发展；另外，就是眨眼动作的减少，使眼球缺乏润滑和保护作用。据统计，人正常的眨眼次数为每分钟15次左右，而在神情专注的时候只有2~3次，这就使眼表面的泪液蒸发过多，而来不及得到及时的补充，久而久之则即引起眼球表面的炎症。

这样的情况，早期检查往往查不出什么病，但长久下去，便可能失去健康的眼睛。对于青少年来说，长期近距离使用电脑会引起肌肉调节痉挛而看不清远处，继而造成真性近视等。而对于45岁以上的人来说，因为眼睛的调节能力下降出现老花、近距离视物疲劳，并且不能持久，如果长期注视电脑会使疲劳症状加重，还可能诱发青光眼、白内障等眼病。

劳逸结合防眼病

每看书或使用电脑2小时要休息10~15分钟，此时可远眺窗外景观，或转动眼球、做眼保健操等，只要不集中在近距离用眼，都有休息效果。

注意滋润眼睛

用电脑时，最好保持15°~20°的下视角，这样有助于减少眼球暴露的面积，以减少眼球表面水分蒸发。避免长时间坐在空调出风口处，应在座位附近放置茶水，增加周围湿度。

经常锻炼，运动解除视疲劳

建议经常进行球类活动，如乒乓球、羽毛球、足球、网球等，当眼球追随目标时，睫状肌不断地放松与收缩，在眼外肌的协同作用下，可以提高眼的血液灌注量，促进眼部新陈代谢，从而减轻眼疲劳。

注意营养均衡，多吃坚果类食物

多吃富含钙、蛋白质的食物，避免偏食，控制甜食。因为代谢糖分时，须依靠维生素B_1，糖分若摄取过多，将会造成维生素B_1的不足，而容易罹患视神经炎。多吃坚果类食物，多咀嚼，能加强眼部肌肉活动，促进眼部血液循环，减轻眼疲劳。

眼局部进行热敷、药熏、理疗、针灸等

可以滴一些润滑眼球、缓解眼疲劳的眼药水。中医认为，视物日久，导致疲劳过度，或肾阴不足，津液短少，肝血虚损，内有郁热，可内服中成药杞菊地黄丸、明目地黄丸、养血安神片、逍遥丸等。根据病人不同情况辨证论治。

定期体检，发现眼病尽早治疗

如有近视、远视、散光等屈光不正症状，要在医生指导下戴镜矫正。眼胀痛、流泪等症状明显时，应及时排查青光眼、角膜炎、结膜炎等眼病。

（二）古人护眼有妙招

我国医学最早的经典著作《黄帝内经》中就将"目不劳，心不惑，游行天地之间，视听八达之外"作为重要的养生明目手段。古人养目护眼的方法也是很有效果的，不妨一试。

闭目放松法

静心闭目片刻，以两掌轻捂双眼，两肘支撑在桌子边沿，全身肌肉尽量放松，30秒钟后，睁眼闪眨多次。每日做3~5次。此法能明显改善视力，特别适用于经常阅读和写作的人群。

远眺按摩法

每日晨起，在空气新鲜处闭目，眼球从右到左，再从左到右各转5次，然后迅速睁眼，极目远眺；平静端立，用眼依次注视左、右、右上角、左上角、右下角、左下角，反复5次；用洁净的两手中指由鼻梁两侧内角鼻凹处开始，从上到下环形按摩眼眶，然后眨动20次。

转动眼球法

端坐，双目向左转5圈，平视前方片刻，再向右转5圈。每日早晚各做

一次，持之以恒，必见成效。

在眼科门诊当中，时常可以听到患者诉说眼睛疲劳或头痛，其中很多是用电脑工作的人。大部分的患者眼睛干涩、灼热，或是有异物感，视力不稳定甚至暂时模糊，有时还会觉得眼皮沉重、眼球胀痛和头痛。经详细的眼科检查，还可以发现患者有下列症状：结膜充血、视力下降、调节力减退、泪液分泌减少等，严重的时候甚至会有眼压升高的情形出现。

如果必须长时间面对电脑，怎样才能将对眼睛的伤害降至最低呢？我们了解眼睛受损的原因。

距离太近或姿势不正确。过于靠近电脑屏幕，眼睛比较容易受到伤害，尤其是使用笔记本电脑时，由于屏幕过小，导致使用者必须近距离工作，头部向前倾，颈部肌肉用力，很容易形成颈部劳累，加重眼睛的疲劳，使视力受到损害。

工作环境中的光线太强或者太弱，导致屏幕与外界亮度产生强烈的反差，容易对眼睛造成刺激。

前面提到眼睛疲劳的程度与工作时间长短有关系，因此避免眼睛疲劳的最好方法是适当休息。如果你是眼镜族，那么配一副合适的眼镜也是很重要的。

工作的姿势和距离也是很重要的，尽量保持在60厘米以上距离，调整到一个最适当的姿势，使得视线能保持向下约30°，这样的一个角度可以使颈部肌肉放松，并且使眼球表面暴露于空气中的面积减到最低。

屏幕的亮度与清晰度是否适当，环境的光线是否柔和，桌椅是否舒适，这些都是必须考虑的要素。只有意识到了这些因素的重要性，才可以有效地保护眼睛。

（三）饮食补眼法

维生素A

不用多说，素有"护眼之必需"之称的维生素A，是预防眼干、视力衰退、夜盲症的良方，以胡萝卜及绿、黄色的蔬菜及红枣含量最多。

维生素B

维生素B是视觉神经的营养来源之一，维生素B_1不足，眼睛容易疲劳；维生素B_2不足，容易引起角膜炎。可以多吃些芝麻、大豆、鲜奶、小麦胚芽等食物。

枸杞

枸杞有清肝明目的疗效，因为它含有丰富的胡萝卜素，维生素A、B_1、B_2、C，钙、铁等，是健康眼睛的必需营养。

含有枸杞的三种食疗配方：

1. 枸杞+米：煮成粥后，加入一点白糖，能够治疗视力模糊及流泪的现象。

2. 枸杞+菊花：用热水冲泡饮用，能使眼睛轻松、明亮。

3. 枸杞+猪肝：煲汤具有清热，消除眼涩、因熬夜出现的黑眼圈的作用。

决明子

决明子具有清肝明目及润肠的功效，能改善眼睛肿痛、红赤多泪等症状，防止视力减退。

第二章

让课堂充满生机

第一节　聚沙成塔

——几种经典的教学方法

被传承为经典的必有它的精彩之处，这里列举几种经典的教学方法，旨在与广大教师一起感受教育学家们对课堂的理解，一起捕捉经典带来的光芒，一起领会经典为课堂带来的生机。

一、布卢姆的掌握学习教学法

布卢姆是美国当代著名的心理学家和教育学家，曾任芝加哥大学名誉教授。布卢姆整个教学理论的核心内容是"掌握学习"理论。

20世纪70年代初，布卢姆针对美国现行教育制度只注意培养少数尖子学生而牺牲大多数学生的弊端提出，当今教育不能再满足于只有一小部分学生充分学会学校所教的东西，也不应有这样的心理定式：1/3的学生能完全掌握教师所教的知识，1/3的学生成绩一般，1/3的学生不及格。布卢姆认为，解决上述问题的最好办法在于改变我们对学习者及其学习的看法，实施"掌握学习"教学。

所谓"掌握学习"，就是在"所有学生都能学好"的思想指导下，以集体教学（班级授课制）为基础，辅之以经常、及时的反馈，为学生提供所需的个别化帮助以及所需的额外学习时间，从而使大多数学生达到课程目标所规定的掌握标准。

（一）理论依据

布卢姆认真总结、借鉴他人的研究成果与实践经验，博采众长，把卡罗尔的学校学习模式、斯金纳的程序教学法、莫里斯的多种矫正方法等加以提炼、改造，从而形成了他的"掌握学习"理论。

1. 掌握学习策略变量主要源于卡罗尔的研究。卡罗尔于1963年发表的著名论文《学校学习模式》中，指出了影响学生在校学习程度的主要因素。布卢姆把卡罗尔列出的教学与学生的五种特性作为掌握学习策略的主要变量，基本接受了卡罗尔的定义并逐一加以研究探讨。

2. 依据心理学提出的学生的情感影响着学生学习结果的结论，在教学中，有些学生由于学习成绩好，经常受到老师的表扬，因此产生积极的情绪，从而能更加主动、努力地去学习；相反，便会产生消极情绪，把学习看成一种负担。为此，布卢姆提出通过形成性测验的方法及时获得反馈信息，了解每个学生包括学习情绪在内的掌握知识的情况，尽快采取补救措施，使所有学生都不成为落伍者。

3. 根据课程都是按着一定的顺序排列，并且前后内容都有一定联系的特点，提出教师应促使每个学生去掌握每一次学习的任务，才能进入之后一个任务的学习。如果学生在前一个学习任务中成绩没有达到预定的标准，那就得重新完成这一学习任务，直到他达到要求后才能进入下一个学习阶段。

（二）实施程序

"掌握学习"教学的实施，通常按以下两个阶段进行。

1. 教学准备阶段

（1）教师首先确定学习内容。

（2）教师把课程分解为一系列学习单元，并制订具体教学目标。每个单元大体包含两周的学习内容。

（3）在新课程开始之前，教师对学生进行诊断性评价，了解学生具备了多少有关新课的知识以及学生的学习动机、态度、自信心等情况，以便在新的学习中为学生安排适当的学习任务，实行因材施教。

（4）教师根据每一单元的教学目标编制该单元简短的"形成性测验"试题，一般为20分钟左右，目的是评价学生对该单元内容的掌握情况。

（5）教师根据形成性测验试题再确定一些可供选择的学习材料（如

辅导材料、练习手册、学术游戏等）和矫正手段（如小组学习、个别辅导、重新讲授等），供学生在学习遇到困难时选择。

（6）教师编制"终结性测验"试题，测验试题的覆盖面应包括各教学单元的全部教学目标，目的是评价学生是否完成了该学科的学习任务。

2. 教学实施阶段

（1）教师首先向学生介绍"掌握学习"的一般程序，使学生适应"掌握学习"的方法。让学生明确：

①"掌握学习"教学是一种帮助全体学生的新教学方法，每个学生都将得到学习上所需要的一切帮助；

②每个学生都将接受一系列的形成性测验，以便及时发现学习中的问题并得到解决；

③每个学生的学习等级以期末的成绩为依据，达到标准者都将获得"优良"的成绩评定；

④每个学生在学习中遇到困难时，都将得到一些供选择的学习程序或矫正方法，以帮助他们掌握所学的知识。

（2）教师根据事先安排好的教学目标、内容，采用集体教学的形式，给予学生相同的学习时间。

（3）在一个单元初步完成后，教师对全班学生进行形成性测验，正确率达到80%～85%者为及格或通过。

（4）对于已通过的学生，教师可安排他们转入下一单元的学习，或由学生自己选择学习补充教材进行巩固性活动，或帮助不合格者学习；对于没有通过的学生，教师在帮助其明确原因的基础上，选择合适的学习材料或矫正手段，让他们进行补充学习。

（5）在补救教学结束之后，再进行一次平行性的形成性测验（学生只需回答第一次形成性测验未做对的那些问题）。待绝大部分学生达到该单元的教学目标后，才能让他们进行下个单元的学习；对于一次矫正学习尚没有通过的学生，教师还要再尽力帮助他们。

（6）在一学期结束或几个章节或全部教材学完后，进行总结性测验和评价，评定每个学生的学业水平。

（三）课堂操作要点

1. 设计单元掌握学习计划

设计单元掌握学习计划的目的，在于使教师在教学前就做好充分的准备，尽可能周到地考虑好如何帮助学生达到单元教学目标，主动而有效地控制教学。

首先，要设计好最初的教学计划，帮助大多数学生达到单元教学目标。说明教材的方式要适应大多数学生的需要和水平，组织学习活动的手段应能使大多数学生都积极参与到学习过程中。

其次，设计出有效的"反馈—矫正"计划，即如何充分利用形成性测验所提供的反馈信息提供可供选择的教学材料以及各种形式的学习活动，使学生有再次学习的机会，并帮助他们矫正学习中的差错。必须强调的是矫正的方法应不同于最初的团体教学的方法。矫正的方法是多种多样的，可采用不同的教科书、练习册、程序教材、视听材料，或由教师重新教学或个别辅导，或由学生进行讨论及相互帮助等。

此外，教师还应设计好达到掌握知识水平的学生的活动。他们可以成为未掌握者的小教师，也可以从事其他学科的活动或非学术性的活动（如消遣性阅读），更可以深化本学科的学习，以及补充与本学科有关的课外知识。

最后，教学设计还应周密考虑好时间因素，最初的教学、形成性测验以及矫正工作所需的时间都应予以合理地安排，以切实提高学习的质量。

在矫正工作结束后二到三天内，常常需进行第二次测验，这是与第一次形成性测验平行或等值的。未达到掌握标准的学生只需做上次未做对的有关试题。把学生两次做对的试题的数量相加，如果达到了原先规定的掌握标准，便可以成为"掌握者"。由于进行了有针对性的矫正，因此，在实际教学中很少有学生再进行第三次测验。

2. 为掌握而教

由于事先已做好了充分准备，因此，为掌握而教基本是把预定计划加以实施的工作。教师在课程开始前应使学生充分了解"掌握学习"策略的基本思想和具体程序，使学生明确应当学些什么、怎么学、应达到什么水平及如何判断是否已达到这种水平，等等。教师应当讲明"掌握学习"

旨在帮助绝大多数学生达到规定的掌握标准，因此要使每个学生都得到他所需要的额外学习时间和帮助。只要学生充分利用形成性测验所提供的信息，发现自己学习中的长处和不足，采用适合自己特点的矫正手段，在学习误差积累起来并影响下一步学习之前加以纠正，就能在期末终结性考试中获得优良的成绩。为学生定向，对大多数学生树立能够学好的信心以及形成学习动机都是至关重要的。

定向后教师便进行为掌握而教的工作，一般有以下几个主要环节：

按最初的教学计划实施团体教学→进行单元形成性测验→已掌握者从事其他有关的活动→未掌握者接受矫正→再次测验予以认可→进入下一单元的循环。

一般来说，如果多数学生（50％以上）对掌握某些学习任务都有困难，那么教师教学中必然存在着问题。教师应仔细检查教学方法、材料以及教学顺序的安排，经过改进后再次教学。对个别学生的困难则采用有针对性的个别矫正工作。

教学进度往往是事先由教师设计好的。因为"反馈—矫正"工作需要占用一定的时间，因此教师可以采用两种方法来控制教学进度。如果矫正工作安排在课外进行，那么教师便可按常规教学的进度实施。如果矫正工作需部分或全部占用课堂时间，教师则可以调整教学进度，先慢后快，即借用后一单元的时间；如果前一单元的学习达到掌握状态，那必然为后一单元的学习创造了极为有利的先决条件，后一单元的学习进度便可适当加快，时间总量并不会增加很多。

3. 为掌握分等

这一阶段通常是在期末对学生进行包含了规定课程目标的终结性考试，所有达到或超过预定的掌握水平标准的学生都能得到A等，这就打破了美国传统的按正态曲线分等的相对评分制度，鼓励了学生的胜任动机（即与自身以及学习任务竞争的内在要求），而不滋长学生的竞争动机（即与他人竞争的外在要求）。从发展学生个体的才能来看，具有胜任动机更有积极的意义。

对于未掌握者可采用两种做法。一是允许学生随时可以经努力后掌握，并给予鼓励。二是可以用传统的B、C、D、E等级来表示学生已掌握的目标的等级，每个等级都有明确的作业标准。

有的教师认为合理的评价应根据多次信息，主张采用几次终结性测验，而课程的最终等级由这几次等级综合而成。这种做法也是不可行的，但需要注意的是，绝不能把形成性测验结果作为最终等级的一部分，否则形成性测验便失去了它提供反馈以改进教与学的功能，不利于大面积提高学业成绩。

布卢姆的学生布洛克曾对"掌握学习"作过精辟的概括。他认为这种策略试图将一组学生的学习达到优秀所需的时间缩短到最低限度，以便在规定的教学时间内完成教学任务。"掌握学习"策略有以下本质特征：首先，它是教学的系统方法，教学建立在教师所追求的学习成果基础上，教学为每个学生达到各项成果提供了多种途径。其次，它是一种预定的主动教学方法，教师在授课前已做好周密的设计，有了明确的教学方向，对课内可能发生的意外事件也有所准备，因而不必浪费课内宝贵的时间、精力，被动地应付动态的课堂教学情境。最后，它是管理学习的有效方法，通过为学生定向，提供适应学生需要的教学，及时发现学生的问题，并不断给予改正或鼓励，激励学生不再消极地停留在中等或差等水平，而是努力积极地追求优异的水平。

二、斯金纳的程序教学法

斯金纳是美国著名的心理学家。他通过动物实验建立了新行为主义学习理论，并据此提出了程序教学论及其教学模式，曾给20世纪50年代的美国和世界其他国家的中小学教育带来广泛影响。

（一）理论依据

作为一名实验心理学家，斯金纳的理论发现是从动物学习的实验开始的。他设计了一种被称为"斯金纳箱"的实验装置，里面装着一只饥饿的老鼠，一根控制杆连接着食物箱。老鼠在箱子里活动，每压一次控制杆就能得到一颗食物。这样，老鼠不断地压控制杆，不断地得到食物，不久就"学会"了这种取食方法。在这里，取到食物就是对老鼠操作控制杆的一种强化。随后，斯金纳重复对鸽子等动物进行类似的实验，这些实验都证明，及时地给予报酬、强化，是促进动物学习的主要因素。

由动物而推断人，斯金纳认为，人类的学习也是一种操作反应的强化过程（"强化"在他的教学理论中占有核心的地位），通过操作性强化，一个比较完整的新的行为单位可以被学会，或者一个现存的行为单位可以被精练。而要使教学或者训练获得成功，关键就是要很精确地分析强化效果，并设计操纵这个过程的技术，建立一个特定的强化系列。也就是说，根据学习的目标，在促进学习者学习时，要不断地给予强化，促使学习者向着学习目标迈进。

（二）教学原则

根据操作行为主义的学习理论，一位教师要实施程序教学，必须考虑哪些问题呢？

首先，要仔细地考虑在特定的时间里计划教学的内容是什么，这些教学内容最终是要通过学生的行为的获得来表现的。其次，要考虑有哪些可以利用的强化物。这种强化物包括两种：一种是学习者在学习过程中对所操纵的材料具有强烈的兴趣；另一种是在学习过程中给予学生奖励，譬如教师的一个善意的微笑、一句肯定的赞语、一件奖品等。第三，强化的最有效的安排，即教师要把非常复杂的行为模式逐渐精致地做成小的单位或步骤，也就是把教学目标进行具体分解，确定每个步骤所保持行为的强度，以使强化的效果提高到最大限度。

编制程序学习的流程，一般要遵循以下几个原则：

1. 积极反应原则

一个程序教学过程，必须使学生始终处于一种积极学习的状态。也就是说，在教学中使学生产生一个反应，然后给予强化或奖励，以巩固这个反应，并促使学习者做出进一步反应。

2. 小步子原则

程序教学所呈示的教材是被分解成一步一步的，前一步的学习为后一步的学习作铺垫，后一步学习在前一步学习后进行。由于两个步子之间的难度相差很小，所以学习者的学习很容易得到成功，并建立起自信。

3．即时反馈原则

程序教学特别强调即时反馈，即让学生立即知道自己的答案正确，这是树立信心、保持行为的有效措施。一个学生对第一步（学习的前一个问题）能做出正确的反应（回答），便可立即呈示第二步（第二个问题），这种呈示本身便是一种反馈：告诉学生，你已经掌握了第一步，可以展开第二步的学习了。

4．自定步调原则

程序教学允许学习者按自己的情况来确定掌握材料的速度。这与传统教学在课堂传授中一般以"中等"水平的学习者为参照点的教学法不同，传统教学法使掌握快的学生被拖住，而学习慢的学生又跟不上，致使班级学生之间学习水平差距越来越大。程序教学法相对显得比较"合理"，每个学生可以按自己最适宜的速度进行学习。由于有自己的思考过程，学习较容易成功。

程序教学的设计当然要按照教材内部的逻辑程序来进行，既要保证学习者在学习中把错误率减少到最低限度，又要合理地设计教材，使每一个问题（每一小步）都能体现教材的逻辑价值。

（三）教学的模式

1．直线式程序

这是斯金纳首创的一种教学程序，是经典的程序教学模式。在这一流程里，教师把材料分成一系列连续的小步子，每一步一个项目，内容很少。系列的安排由浅入深，由简到繁。以"电流"教学内容为例，可以设计成如下步骤：

①电灯泡发亮的原因是灯丝（发热）；

②电灯灯丝发热的原因是灯丝通过（电流）；

③电灯变亮的原因是电流（增大）；

④电灯变暗的原因是电流（减小）；

⑤当电压增大时，电流就（增大）；

……

括号里是答案。一个学生如能做出答案，教学机器就能显示出来，并可以启动开关进行第二步学习。如此一步一步地展开学习，直至达到学习目标。

2. 衍枝式程序

由于各个学生的学习能力及已有知识的基础是不一样的，另外，学习材料本身也有难易程度的区分，因此有人便在经典程序的基础上提出了两种变体。衍枝式程序便是一种，它是由美国人A. 克劳德提出来的一种可变程序模式。这一模式同样把学习材料分成小的逻辑单元，但每一步都比直线式程序的步子要大，每个项目的内容也较多。学生掌握一个逻辑单元之后，要进行测验。测验用多重选择反应进行，根据测验结果决定下一步的学习。这种程序有助于消除不同能力的学生之间的学习差异。

3. 莫菲尔德程序

这个程序是美国心理学家凯（Kay H）在莫菲尔德大学任教时提出的一种程序教学模式，它是直线式和衍枝式程序原则的结合。这一模式遵循的始终是一个主序列，它与直线式不同的是，只有一个支序列来补充主序列；它与衍枝式不同的是，学生通过支序列的学习不再回到原点，而是可以前进到主序列的下一个问题上，这样有利于学习效率的提高。

相比较而言，衍枝式程序和莫菲尔德程序比直线式程序更优越，因为这两个程序更能适应个别差异的需要，能够为不同学生提供不同的学习程序。

一个教师要实施程序教学，必须借助于程序式的教材，或者进行机器教学。用机器来代替教师在课堂教学中的大量机械行为，教师才有可能集中精力设计"小步子"，适应程度不同的学生的学习要求，并做到及时反馈。20世纪50年代，斯金纳的教学机器曾经风靡一时，到了电子时代的今天，又有了很多自动的电子教学机出现在课堂里，这其中都有斯金纳程序教学思想的影子；大部分教师在课堂教学中，也在不时地运用程序教学原则，大家常说的"步步清""降低坡度""及时反馈"等，也都体现了程序教学思想。

三、赞科夫的"发展性"教学法

赞科夫是苏联心理学家、教育科学博士、苏联教育科学院院士、普通教育学研究所教学与发展问题实验室领导人，他早期的教学论思想属于传统范畴。20世纪50年代中期开始的新技术革命对教育提出了新要求，他设想创立一个"新的、包括小学各门学科的教学论体系"，"这个新体系要比传统体系的学生在一般发展上取得更大的成绩"。为此，他进行了20年"教学与发展的关系"的实验研究。

赞科夫是从传统教育思想体系中决裂出来的。他深刻了解传统教学论的弊端。他主张教学应从知识转向智能，应该培养学生的创造性，应该"以最好的教学效果来促进学生的一般发展"。他主张教师在讲授基础知识的同时必须进行基本智力技能的训练和个性优良品质的培养；书本知识教学必须与实际操作能力的培养相结合；教师的教必须向学生自学能力的养成转化。总之，要达到"教学促发展"和"发展促教学"的要求。他把"一般发展"作为教学的出发点和归宿。

在赞科夫的教学论中，"一般发展"与"特殊发展"是相对应的。特殊发展是指各专门学科如语文、数理、音乐等特殊才能的发展；一般发展指的是促进儿童智力、道德、情感、性格等整个身心全面和谐发展的个性发展，其中智力的发展是核心的一环，包括观察、想象、思维、记忆及手脑并用的操作能力。而观察能力、创造性思维能力和操作能力是"发展"的三个主要方面。他主张尽可能创造条件，选用"能使儿童真正开动脑筋"的教材与教法，尽早地发展儿童的创造性思维能力，促使学生越学越聪明，越学越主动，越学越会学，越学越爱学。

为了体现"以最好的教学效果来达到学生最理想的发展水平"这一主导思想，赞科夫通过长期的教学实验与理论总结，提出了与传统教学诸原则针锋相对的五条"新教学原则"。

（一）以高难度进行教学的原则

这是和传统教学的量力性原则相对立的原则。量力性原则为教学规定了一个界限，教学只是跟在学生发展的后面跑。赞科夫指出："传统教育学的弱点在于教学过程过于容易。""应该遵循一个相反的原则：把教学建立在高水平的难度上，同时注意掌握难度的分寸。"

高难度的含义之一是教学内容必须更新，用现代科技的初步知识取代

"原始"教材，充分满足儿童的求知欲和利用他们的认知可能性。赞科夫认为"儿童的智力也像肌肉一样，如果不给以适当的负担，加以锻炼，它就会萎缩、退化"；教学要为儿童的精神成长提供足够的"食粮"，不要使它"营养不良"。高难度的另一含义是要学生通过努力克服障碍，把精神力量发动起来，促进一般发展。赞科夫依据了维果茨基把儿童的发展分为两个水平的理论：一是现有的发展水平，即现在就能独立完成提出的智力任务，第二个水平是最近发展区，这时儿童的思维过程还正在形成，还不能独立完成任务，但在启发帮助下经过一番努力就能完成任务。赞科夫认为，教学应该创造最近发展区，让儿童努力思考，在智力的阶梯上提高一级。

（二）以高速度进行教学的原则

赞科夫说："传统教育学为追求所谓知识的'牢固掌握'，就让学生反复地咀嚼他们已知的东西，这种做法导致了学生不动脑筋，精神消沉，这就阻碍了学生的发展。"他主张要"以知识的广度来达到知识的巩固"。他据此提出这条原则，要求"不断地前进，不断地以丰富多彩的内容丰富儿童的智慧，使他们更深刻地理解所获得的知识，把这些知识纳入一个广泛的体系"。

（三）理论知识起指导作用的原则

传统教学论把直观性原则提到首要的地位，并据此提出教学要"由近及远""由简单到复杂""由具体到抽象"的规则。赞科夫针对传统教学低估儿童的思维能力、教学内容中理论知识贫乏的缺点提出这条原则，实质在于强调理论知识在教学中的指导作用。赞科夫认为感性知识固然是人类认识的出发点，由此经过复杂的道路而到达抽象，但这并不意味着让学生也要经历这样一个复杂漫长的认识的全过程。在学生的认识过程中，感性认识与理性认识有机地交织在一起，经验与理论处于不断的相互作用之中。根据实验观察，赞科夫指出"一年级学生就能掌握许多抽象的概念，理解某些事物的内在联系"。至于"由近及远"是指儿童要先认识身旁的事物，可是他们偏偏最爱听异国异地的趣事，最爱看身边看不到的事物。而"由简单到复杂"的要求，"人类科学技术的发展已使人的感官延伸到宏观世界和微观世界，借助于现代化的教学手段，已经可以把过去认为极其复杂的现象变成容易理解的东西"。旧教学体系仍把儿童的认识限制在用手摸、用眼看的水平上，显然是落后了。因此他不反对直接观察的重要性，但反对旧教学论的片面性和原始性，强调理论知识的指导作用。

（四）使学生理解学习过程的原则

这个原则与传统教学论的自觉性原则有些相似，但两者的着眼点有实质的区别。自觉性原则强调让学生理解教材，并把学到的知识运用于实践。它要求学生注意的对象是知识、技能和技巧，着眼于学习活动的"外部"因素。而赞科夫的这条原则要求学生注意的对象则是学习过程本身，着眼于学习活动的内在机制，教会学生怎样学习。

（五）使全班学生包括"后进生"都得到发展的原则

"后进生"问题在苏联没有得到解决，有人说按照"高难度""高速度"原则教学，结果只培养了几个拔尖生，而把一大批学生拉下来了。赞科夫从1963到1967年对此进行了专题研究，从实验班和普通班选了一批"后进生"做比较研究，从心理学角度对他们各方面的活动进行观察、记录和分析。实验结果使他坚信，对"后进生"来说更需要在他们的发展上下功夫，并提出一系列的教学方法。他指出学生的上、中、下三等不是固定不变的，关键在于是否采取科学的教学体系和方法。这是对传统教学论的"积极性原则"的重大发展。

四、沙塔洛夫的"纲要信号"图表教学法

苏联教育家沙塔洛夫认为，既然人们能借助于各种新的生产工具减轻体力劳动的负担，作为教师就应该创立一种科学的教学方法，以减轻学生的负担，提高教学质量。"纲要信号"图表教学法正是基于这一观点建立起来的。

（一）设计原理

沙塔洛夫教学法，是以"纲要信号"（或称依靠性信号）图表法为核

心的，包括课堂讲授、复习巩固、家庭作业，指导提问、记分以及如何活跃学生思维在内的一整套教学法体系。在传统的教学法中，理论知识一般都采用"小块"讲解的方法，即在讲完一条或几条原理之后，立即进入实践阶段：做练习或解习题。而沙塔洛夫把心理学的研究成果运用于实践，认为只有从抽象到具体，才能更完整地认识具体事物及其相互间的有机联系。为此，他使用"纲要信号"图表"大块"地讲授理论知识，然后再转入大量实践的教学方法。"纲要信号"图表是一种由字母、单词、数据或其他"信号"组成的直观性很强的教学辅助工具。这种图表通过各种"信号"，简明扼要、直观形象地把学生所需掌握的知识表示出来。图表必须有利于发挥学生的联想能力和现实记忆能力，并提高学生的逻辑思维能力和概括能力，使学生更好地掌握知识，加快教学进程。这种教学方法可以改变过去那种孤立地讲授某条定理、某一规则、某一概念的传统方法，使学生把所学的新知识的各个部分放在一个整体中来理解，这样就容易认清各部分知识之间的内在联系，加以对比，得出合乎逻辑的结论。沙塔洛夫为了实施"大单元"教学的思想，把教材加以综合处理，使"小块"知识联结成"大块"知识，即联结成一个个的"大单元"。

（二）课堂操作程序

沙塔洛夫教学法的主要精神体现在它的关于课堂讲授和复习巩固的六个阶段上。这六个阶段是：

1. 教师按教材内容详细讲解；

2. 出示"纲要信号"图表进行第二次讲解，突出重点，分析难点，指出各部分之间的联系并加以概括；

3. 把小型"纲要信号"图表发给每一个学生进行消化，然后将图表贴在各自（为此而准备）的手册里，与此同时，把课上使用的大型图表贴在教室墙上，以便同学们利用课余时间进行复习巩固，或弄清课上遗留的问题；

4. 要求学生回家后按教科书和"纲要信号"图表进行复习；

5. 第二次上课时，让学生根据记忆，在各自的练习本上画出前节课上的"纲要信号"图表；

6. 让学生在课堂上按图表回答问题。

可将这六个阶段浓缩为：按教材讲解→出示"纲要信号"讲解→消化"纲要信号"→复习→再现→回答。

只要认真地观察并分析这一教学程序，便可发现：由于它使用了富有概括性的"纲要信号"，因而具有一些传统的教学法所没有的优点，如：在一定程度上体现了教育心理学的某些原则；增强了教学的生动性，使学生能迅速、牢固地掌握教学大纲规定的知识；节约了教学时间。

从方法来看，所谓"纲要信号"，就是在小纸片上，用记号、箭头、个别的词和句、数字，或其他"信号"，把好几节课的教材加以代码处理，使之构成简图，这是一种直观性很强的教学辅助工具。这种图表，通过各种示范符号、多种色彩，提纲挈领、简明扼要地把学生需要重点掌握的知识形象地表现出来，以帮助学生理解知识的整体及其内在联系。最重要的是，"纲要信号"里面包含的不是单纯的信息，而是运动着的信息，即迂回曲折的发展过程。在课堂上，学生听教师讲解，实际上是教师把"纲要信号"变成"有声"的东西，而学生的努力，并不是单纯要把这种纲要记住，而是要理解它。

沙塔洛夫指出，这种"纲要信号"并不是一种学习提纲，而是以特殊的形式列于纸上的一组供学生思考用的关键性的词汇、符号或其他信号。"纲要信号"有可能使学生把教师要求学习的课文加以压缩或扩展，而且这种压缩或扩展的作业本身又是每个学生都力所能及的。"纲要信号"图表教学法帮助学生抛弃了死记硬背的笨方法，使学生能够在教师叙述时细心领会教师的思想，而且就在这时他们已经能够顺着教师的思路像穿过迂回曲折的迷宫一样与教师同声叙述下去。因此，沙塔洛夫说，这种"纲要信号"是一种强大的心理学教育武器，它的潜在力量实际上是取之不尽的。

在"纲要信号"中，一切都是重要的：无论是它的内容，还是它的格式和着色，当然还有它的信息量（如"思维块"的数量、"学习目标"的数量、"理论前提"的数量等）。优化合成的"纲要信号"是提供给学生进行多次学习研究（逻辑加工）那些最本质和最重要的、必须达到记忆水平的信息的基本框架。对信息的如此研究，正是一项用来巩固那些具有相当数量并且应使其达到长期记忆水平的信息的有效措施。当然，即使是有经验的教师，要编制一份优化组合的"纲要信号"也要花费好几个小时的时间。因此，低年级学生自己是不可能编制这种"纲要信号"的。但是，它却给学生提供了范例，使学生能完全直观地"看见"教师的思路，他们学着跟教师一样地思考，就跟学习"刨和锯"一样，重复着教师思考的动作，渐渐地，学生就掌握了思考的技巧，他们就会开始脱离教师使用的方法，而独立地思考了，即他们学会了学习。

第二节　教海泛舟

——名师自创教学方法

时代在变迁，社会在进步，课堂也在随之发生改变，那么教学方法也不能一成不变。对于教学方法的变革，我国的教师也进行了努力探索。

一、尝试教学法

（一）尝试教学法的含义

尝试教学法是江苏省特级教师邱学华在长期的教学实践中逐步总结积累形成的一种新的教学方法。

尝试教学法，不是教师先讲，而是让学生在旧知识的基础上先来尝试练习，在尝试练习的过程中教师指导学生自学课本，引导学生讨论，在学生尝试练习的基础上教师再进行讲解。这种方法可分为五步进行，也叫"五步教学法"。

第一步，出示尝试题。出示的尝试题要和课本中的例题相仿，同类型同结构，这样便于学生通过自己阅读课本去解决尝试题。

第二步，自学课本。出示尝试题后，学生产生了解决问题的愿望，这时应引导学生阅读课本例题。阅读课本前，教师可以提出一些思考性问题做指导。

第三步，尝试练习。最好让好、中、差三类学生板演，其他学生同时在草稿本上练习。练习时教师要巡视观察，及时了解学生尝试练习的情况。

第四步，学生讨论。尝试练习后，可能一部分学生做对了，一部分学生做错了。教师应根据三类学生板演的情况，引导学生评讲讨论，让板演的学生讲一讲这样算的道理。有不同看法也可以争论。

第五步，教师讲解。学生会做题目，并不等于掌握了知识，还必须懂得算理，理解知识的内在联系。因此，在学生尝试练习后，教师要进行有针对性、有重点的系统讲解。

（二）运用尝试教学法的注意事项

1. 五个步骤不是固定不变的，应根据具体情况灵活掌握。可有增有减，相互调换、合并，如第二步与第三步可以调换；第二步、第三步、第四步、第五步可以合并；可在第五步后面增加第二次尝试；可在第一步之后让学生讨论；等等。

2. 实践性较强的教材内容不宜用尝试教学法，前后有密切联系的教材内容，使用尝试教学法效果较好。

二、尝试指导、效果回授法

尝试指导、效果回授法是上海市青浦县数学教改实验的主要成就，创立者是以顾冷沅为首的青浦数学教改实验小组。

尝试指导、效果回授法，是指把教材组织成一定的尝试层次，教师指导学生尝试学习，同时又非常注意回授学习的效果，以强化学生所获得的知识和技能，并使学生的智力和能力得到较好较快的发展。这种教学方法大致包括以下六个步骤：

第一步，诱导。即通过启发，创设问题情境。诱导的目的在于形成认知"冲突"。诱导的具体做法是：①教师根据教材的重点、难点，选择尝试点，提出问题；②教师与学生共同对问题进行观察，使学生急于想解决，但用旧知识又无法解决，激起学生的求知欲。

第二步，尝试。即探究知识，旨在发挥学生的主动性。教师要拟订适合学生水平的尝试层次，让学生在尝试过程中可以从事以下活动：①阅读教材和其他相关书籍；②复习某些技能和概念；③细致观察数式和图形；④进行简单的数学实验；⑤对数学问题进行类比、联想或归纳、推演。学生通过以上活动，发现新知识和新技能，解决提出的问题。

第三步，归纳。归纳的具体做法表现在：学生根据尝试所得，归纳出有关知识和技能方面的一般结论；教师通过必要的讲解，将这些知识与技能纳入整个教材所建立起来的知识系统中。

第四步，变式。指教师对于一般结论，运用概念、变式、背景复杂化和配置实际应用环境等手段，编制好顺序排列的应用题，让学生进行变式练习方面的尝试。

第五步，回授。即回授尝试效果，组织质疑和讲解，教师要采用多种途径随时收集和评定学生尝试学习的效果，如观察交谈、提问分析、课内巡视、课堂练习、考查等。在此基础上，有针对性地组织质疑和讲解。

第六步，调节。指单元教学效果的回授调节。一般在一个单元或一章、一册教学之后进行，以"阶段过关"为最重要，即给掌握阶段内容有困难的学生以第二次教学机会，就存在问题帮助其"过关"。

在具体实施过程中，六个步骤不是课堂教学的固定模式，应根据教材特点和学生实际，有侧重地灵活运用。其中，尝试学习是中心环节，诱导为尝试创造条件，归纳把尝试所得的知识系统化，回授和调节旨在提高尝试的效果。

尝试指导、效果回授教学法在生源条件较好和师资水平较高的情况下使用效果更佳。

三、反馈教学法

（一）反馈教学法的含义

反馈教学法是特级教师刘显国创立的。它是运用现代三论（控制论、信息论、系统论）的有关原理，通过精心设计教学结构，使受教育者在短时间内摄取最大而有效的信息量，并实现信息量的高速传递和交流的一种教学方法。这种教学法以信息反馈为主线，把自学研讨贯彻始终。它改变了传统的教师讲、学生听的注入式教法，使课堂信息的单向传递变成了信息流通的双向性传递，它先把学生自己学习的成果利用各种通道输送出去，然后收回外界对它的评议，从而检验学生的学习效果和掌握程度，并在原有知识基础上进行调节和改进。反馈教学法强调了在老师引导下，让学生边学习、边思考、边总结、边创造。

（二）反馈教学法的程序（三段六步式）

1. 导入新课过程——第一次反馈，架设桥梁

新课导入主要是考虑如何促进知识的正迁移。学生的心理状态在知识迁移的过程中起着重要作用，学生如果对学习内容有着浓厚的兴趣，就有利于知识的正迁移。导入新课可以从新旧知识的联系上导入，可从学生熟悉的生活实际导入，还可通过问题或练习的讨论研究等导入。导入过程一般分两步：①出示基本概念复习题。让学生复习与新知识有关的基本概念和与概念有关的基本练习题。这样做的目的是了解学生情况，促进知识的正迁移，为学习新知识铺平道路。②学习尝试题。尝试题在新旧知识之间架起了桥梁。

这两部分进行后，组织学生讨论研究，教师巡视并参加讨论，以掌握学生对基础知识的理解程度，获得第一次反馈信息，再利用小结及时进行调控。

2. 学习探讨过程——第二次反馈，引发兴趣，积极探索

导入新课后，要及时出示讨论题，引导学生联想旧知识，从而对新知识产生兴趣，并带着强烈的求知欲去阅读课本、实验、观察、思考，认真探索，最后通过巩固练习掌握新知识。第二次反馈成功的关键是教师要善于设问，让师生双方在知识的重点区域展开讨论，反复研究，以获取知识。这一阶段按两步进行教学：①出示讨论题。根据教材内容和学生水平，出示涉及新知识的讨论题让学生讨论。②阅读课本。通过课本的阅读，学生系统地了解知识的结构，发挥课本的示范作用，以培养学生的类比推理能力，为自学探索打下基础，并在此基础上再进行一次巩固性练习。进行第二次反馈时，教师应掌握学生对新知识的理解和应用情况，及时进行小结和第二次调控。

3. 巩固加深过程——第三次反馈，深化知识，发展智能

通过多种形式的练习与讨论，老师查看学生练习，听取学生的分析、判断或讨论，获取信息，然后利用小结及时调控。这就是第三次反馈。目的是了解学生掌握新知识的程度，使其能灵活运用新知识，培养学生的智能。这一阶段按两步进行教学：①出示综合题，强化知识的综合与运用训练。②出示思考题。通过思考题使学生的智力得到发展。

（三）反馈教学法的注意事项

1. 精心设计各种层次的练习题，如复习题、尝试题、讨论题、巩固题、综合题、思考题，六类题贯穿于课堂始终，教师必须针对教材特点和学生实际精心设计好这些题目。

2. 课堂教学的三次反馈要及时，评价、矫正也要及时，而且每次反馈不是简单的重复，而是提炼和升华。要讲究反馈的多样性、有序性、针对性、效益性、可控性等，使教与学得到同步发展。

四、情境教学法

（一）情境教学法的含义

情境教学法是江苏南通师范第二附属小学特级教师李吉林倡导的。这种教学方法是指在教学过程中教师根据教学内容的要求，有目的地引入或创设具有一定情绪色彩的、以形象为主体的生动具体的场景，使学生如临其境、如见其人、如闻其声，受到情绪的感染，引起感情上的共鸣，以情入理，情理交融，从而帮助学生理解教材，并使学生的心理机能也得到发展。情境教学法的核心在于激发学生的情感。

在教学过程中教师能够创设或引入的情境是多种多样的，也是复杂的。但无论什么情境都应以形象为主体，没有形象便没有情境，形象性是情境教学的本质特征之一。情境可分为直接情境和间接情境。

1. 直接情境

直接情境是指由直接形象为主构成的情境整体。直接形象是指反映在学生头脑中的直感印象。反映的对象主要是非符号性的和象征性的实际物体。反映的进行主要依赖第一信号系统的功能。

2. 间接情境

间接情境是指由间接形象为主构成的情境整体。间接形象主要指的是艺术的形象，如表演中的形象、文学作品中的形象和对情境、气氛的描述。间接形象的形成主要依赖个体第二信号系统功能。

（二）情境教学法的特点

直接情境和间接情境的情境教学法有着共同的特点：

1．借助手段，构成情境

在教学过程中无论是哪一种情境教学，总是凭借一定的手段展现给学生生动、具体的形象以及以形象为主体构成的情境，最终达到为教学服务的目的。教学中引入或创设直接情境就是使学生身临其境，直接感知，形成具体鲜明的形象。间接情境则主要使学生如临其境，凭借想象，展开联想，在脑海中形成表象，以获取言语直观符号的效果。

2．以境激情，要使学生能触"境"生情

激发学生一定的情绪或情感体验是情境教学的第二个特点。教师在教学中引入或创设一定的情境是与激发学生的感情分不开的。如果有境不生情，就不能称为情境教学。

（三）运用情境教学法的注意事项

1．创设或引入的情境既要符合教学目的和内容，又要与学生的经验相一致，否则就不会取得预期的效果。教学过程中创设或引入情境，主要是达到动学生之情，从而使之明理的目的。这也就是说情境要形象感人。

2．情境要新颖，教师创设或引入的情境只有新颖、奇特才能引起学生的注意和探索愿望，才能发挥情境教学的效果。启发情境也要求教师用语言来配合，教师的启发语言可以引导学生深入情境，进入角色，或展开联想，细致观察，达到开拓学生思维的作用。

3．教师本人的真情实感也是很重要的，因为教师有时就是情境的一个重要组成部分。一般而言，间接情境的建立主要是通过形象的语言事实来实现的，当教师的真情实感进入情境中时，学生才可能在言语直观和情境感染的双重作用下建立起间接情境。

情境教学法在文科教学中运用得比较广泛。如在语文课中使用的步骤是：第一阶段，在阅读教学中创设情境，把"言"和"形"结合起来，进行片断的语言训练；第二阶段，通过"观察情境教作文"，使学生加深体验，展开联想，构思陈述，促使他们情动而辞发；第三阶段，通过"生活显示情境，实物演示情境，音乐渲染情境，图画再现情境，扮演体会情境，语言描述情境"这六种不同途径，创设和教材有关的情境，进行美感教育；第四阶段，运用情境教学的三原则，即"形式上的新异性，内容上的实践性，方法上的启发性"，进一步促进学生整体发展，有效地调动学生的主观能动性。

五、自学六步法

自学六步法教学模式是当代著名教育改革家魏书生创立的。为增加教学功能，魏书生致力于课堂教学结构的改革，运用信息论原理提出了一套由定向、自学、讨论、答疑、自测、自结六个步骤构成的教学程序，其中第一步为建立信息量，第二、第三、第四步为处理信息，第五、第六步为获得反馈信息。

1. 定向

这是明确教学要求的阶段，在这一个阶段，要使学生明确本节课学习的重点、难点，如学到哪几个字、词、句，理解熟练到何种程度，文章表达着什么样的思想感情，等等。

2. 自学

学生根据学习的重点、难点自学教材，经过独立思考自己解决问题。自学时，可根据学生实际情况完成部分自学内容，即使是理解课文，也不能要求他们一次完成。学习优秀的学生可向深度、广度开拓。

3. 讨论

前后左右每4人一组，把自学时不懂的地方提出来，互相讨论；也可以进行全班讨论。

4. 答疑

立足于学生自己去解答疑难问题，由每个学习小组回答一部分疑难问题，如第一组回答第一段中的疑难问题，第二组回答第二段中的疑难问题，等等。最后由教师解决剩下的疑难问题。

5. 自测

根据"定向"指出的重点、难点以及学习后的自我理解，学生进行自我测试，或自己出题，或相互出题，当然也不排除教师出题。自测限制在10分钟以内，当场评分，自己检查学习效果。

6. 自结

下课前几分钟让学生总结一下这节课的收获，哪几个环节满意或不满意，让各类学生中都有一两名学生发言，使全班学生学习的信息都能及时反馈。

魏书生强调，这种信息加工的"建立—处理—反馈"基本格局是不变的，但并不意味着以上六步在每堂课上都必不可少，可以依照课文本身的特点和学生理解课文的难易程度形成若干变式，如在处理信息的三步中，浅显的文章以学生"自学"解决为主，其他两步就少用或不用；若自测效果好，自结可从略。

六、分层教学、分类指导教学法

（一）分层教学、分类指导教学法的含义

分层教学、分类指导教学法（简称"双分"教学法）就是在班级团体教学中，依照教学大纲的要求，从各类学生的实际出发，确定不同层次的要求，进行不同层次的教学，给予不同层次的辅导，组织不同层次的检测，使各类学生在学习时人人有兴趣，个个有所得，在各自的"最近发展区"得到最充分的发展，较好地完成学习任务，全面提高全体学生的素质。其依据是我国古代教育家孔子"因材施教"的教学原则、苏联教育家巴班斯基的"分组教学"的理论以及美国心理学家布卢姆的"掌握学习策略"，它还借鉴了复式教学模式的理论与做法。目前上海、江苏、山东等地正在开展此类课题的实验研究。

（二）"双分"教学法的具体做法

1. 了解差异，分类建组

首先要对全班学生进行前期调查和测试工作。调查和测试内容包括学生的智能、体能、心理、学科成绩、在校表现、家庭环境等，并对所获数据、资料进行综合分析，分类建档。在此基础上，将学生分成优等生、中等生和困难生三个层次的学习小组（分组方式可与座位挂钩，也可不挂钩，因班而异），让师生都明确某一个同学在某一阶段所处的层次。与此同时，师生要共同建立起对教学的乐观主义态度和真诚的教学信心，使学

生正确对待这种分组方式，防止优等生骄傲自满，中等生得过且过，困难生心灰意冷等不良情绪产生。

2．针对差异，分类要求

分清学生层次后，教师要以教学大纲为依据，根据教材的知识结构和学生的认知能力，合理地确定各层次学生的教学目标。对学习困难的学生，可采取先慢后快、由浅入深、循序渐进的办法，把教材的教学目标，分解成有梯度的连贯的几个目标，允许这类学生根据自己的情况，经过一步或几步帮助逐渐达到教学目标；对优等生，则允许他们超大纲超进度学习。教师要较准确地把握各类学生知识的"最近发展区"。

教师要根据学生的组类制定教学目标。以时间来说，有近期、中期、远期目标；以内容来说，有记忆性、理解性和运用性目标；以深浅来说，有基本、中等和较高目标。在制定教学目标时，既要重视教学中的统一标准，面向全体学生，突出教学要求的一致性，以保证大多数学生打好坚实的素质基础，达到目标要求，又要注意学生的个性差异，考虑目标的弹性设计，突出教学目标的层次性，做到保"底"而不封顶，做到"划一性"与"层次性"两者相辅相成，相得益彰。目标确定后，要拟出细目表，提前向学生公布，增强学生学习过程中的有意注意，便于学生自学、自测，使达标性成功和优胜成功都成为可能。

3．面向全体，因材施教

（1）备课。

借鉴复式备课的模式，从教学目标的制定、内容确定、时间的分配、步骤的安排、方法的选择到教具准备都要坚持与优等生、中等生、困难生的实际相适应，从而使教师在教学的各个环节都能抓住这三类学生，做到既保证"面向全体"，又兼顾"提优""补困（学习有困难的学生）"。

（2）上课。

"双分"教学法的课堂教学结构是：分类自学→集体讲授→分类质疑→分类指导→分类练习→集体小结，简称"两合四分"。要做到"分"而不离，"合"而不死，具体步骤一般如下：

第一步，优等生（或部分中等生）尝试新知（3分钟左右），通过这个环节，培养优等生发现问题和自我解决问题的能力。困难生（或部分

教师应该和能够做到的

中等生）配置补偿（3分钟左右），主要是解决旧知识为新知识搭桥的问题。在学习新知识前，教师通过事先了解，设计出配置性题目，进行诊断练习，对检查出的缺漏进行补偿，扫清新授课的障碍。

第二步，初步小结和讲授、新内容（20分钟左右）。初步小结是对尝试新知识和配置补偿的简要总结。在讲授新内容时，要注意在同步教学中渗透异步教学，多为困难学生设置几个台阶，便于他们接受；要努力做到知识的拓展与深化，以激发优等生的听课兴趣。

第三步，分组精练（5分钟左右）。主要是让三类学生分别完成精选的三组练习题中的一组。

第四步，复习巩固（8分钟左右）。主要是针对新授与练习中的反馈信息做适当处理，将本节课所学内容系统化，便于学生理解与运用。

第五步，目标延伸（4分钟左右）。对优等生适当提出一些问题让他们思考，设计一点练习让他们探索；对困难生，对他们学习本课中的疑难问题要诊断，要采取有效方法补救；至于中等生，要求他们自我选择，或赶优，或自我复习巩固。

在课堂教学中，教师一方面要强化目标意识，做到课前揭示各层次的学习目标，课终检查是否达到目标；另一方面要把握课堂提问策略，让各类学生有输出信息的均等机会。教师在讲授知识时提问中等生，利用他们认识上的不完善，把问题展开，进行知识的研究；在突破重、难点或概括知识时，发挥优秀生的优势，启发全体学生深刻理解；在巩固练习时，检查困难生的理解程度，及时查漏补缺，帮助他们进一步理解知识，使各类学生相互促进。

（3）作业。

学生作业分课内、课外两类。课内作业一般全班统一标准，统一要求。这是根据大纲、教材的基本要求设计的，面向中等生，课内作业有时也可分层要求，而困难生经过努力也能完成。课外作业则分层设计，量力而行。一是发展深化题，即根据优秀生学习水平和教材内容设计的，要求较高、难度较大的题目；二是练习巩固题，这类题目是根据中等生的学习水平和教材内容设计的，一般为教材后的习题；三是放缓坡度题，即根据困难生的学习水平和教材内容，将难度较大的课后习题进行分解或给予具

46

体提示的题目。

在作业的判分上，要做如下改革：一是对中等生，做对"拔尖题"，半倍加分；对困难生，做对"提高题"，半倍加分，做对"拔尖题"，一倍加分。二是暂不打分，困难生做错题暂不打分，待他们真正搞懂订正后，再给他们打分。三是多次加分，针对困难生作业中出现的问题，再设计题目让他们补练，练一次，进一步就加分。对于中等生、困难生难以做出的题目，教师要采取有效措施辅导和再做练习，使中等生和困难生的"赶优"经历这样一个过程：尝试→矫正→再尝试→赶优。

（4）辅导。

一方面侧重于完成现阶段学习任务，培养学生的自学能力。这类辅导以不增加课时、不搞全班性补课为原则，进行多形式、多层次的辅导。具体地说，对困难生采取个别辅导方法，辅导内容提倡"三超"，即旧知超前铺垫，新知超前预授，差错超前抑制，使学生在教师的直接指导下，学会思考，完成学习任务，掌握学习方法，逐步形成自学能力；对中等生采取分组讨论、教师提示的辅导方法，当小组无法解决时，教师做适当提示，促使中等生互相取长补短，完成学习任务，逐步提高自学能力；对优等生除给予他们较多独立思考的机会和个别点拨外，还要通过帮助他们成立学科兴趣小组、组织参加各种竞赛、参与困难生辅导等方法，发挥他们的潜能优势，迅速发展他们的自学能力。

另一方面侧重于发展学生的个性，激发兴趣、爱好，培养其优良品德和创造才能。这类辅导主要通过丰富多彩的活动课程来实现。具体来说，优等生参加学科兴趣小组，参加提高性的辅导活动；中等生分学科建立自学小组，参加补缺性的辅导活动；困难生建立补课小组，从最低起点开始进行补课性的辅导活动。各组定活动时间与地点，人数一般不固定，中等生和困难生可以根据自己的实际情况选择小组，有时可以临时改变，比如，困难生有时对某一知识已经掌握了，不需要再补了，就可以参加高一层次的小组活动。

在课外活动中，既要发挥学生特长，又要重视促进每个学生全面发展。

（5）考查。

阶段考查与年级过关相结合。年级过关由教导处根据大纲要求命题，统一组织，每学年末安排一次。阶段考查包括单元、期中和上学期期末考查。一般由任课老师自己依照各层次学生的教学目标命题，实行分类考核。每份试题都包括基本题、提高题和深化题三大类。基本题是面向全体学生设计的；提高题是困难生选做，中等生和优等生必做的；深化题是供中等生选做，优等生必做的。分类考核后，教师要区别检测的结果，采用不同的矫正措施。对已达标的学生，要向他们提出"巩固性"或"扩展性"的目标；对未达标的学生，除通过补课、个别辅导、建立帮学小组等方法进行"矫正帮助"外，还要认真组织平行性检测，以确保各类学生都达到预定的阶段目标。

"双分"教学法十分重视单元过关检测，把它作为补正学生知识缺漏的不可缺少的一个重要环节。其步骤是：复习→测试→分析→矫正→自结→目标延伸。

（6）评价。

对于不同层次学生的作业、考卷、问题回答，教师要采取不同的评价方法。对学习有困难、自卑感强的学生采用表扬评价，寻找其闪光点，及时肯定他们的点滴进步，使他们看到希望，消除自卑，品尝成功的喜悦；对成绩一般的学生采取激励评价，既揭示不足，又指明努力方向，促使他们不甘落后，积极向上；对成绩好，自信心强的学生，采用竞争评价，坚持高标准，严要求，促使他们更加严谨、谦虚，更加努力拼搏。

4．阶段调整，激励进取

在阶段考查、评价的基础上，每学期各科教师都要集中对各个学生进行二至三次的综合分析，并进行必要的组别调整。对进步明显的提高一个层次；对有后退的，一次可提醒、鼓励，下次仍跟不上的则降低一个层次。这样做不但可以帮助学生及时调整适应自身发展的教学起点，而且有利于学生看到自身的进步与不足，保持积极进取的学习热情。

第三节 课堂教学艺术

课堂教学要形成合理的结构，使其系统内部各构成要素形成最佳组合并实施优化运行，从而充分发挥它的整体功能，增强它"引人入胜"的艺术魅力。在这一节里，我们将对一堂课从开始到结束的每个部分，从导入课堂教学内容到结束这堂课进行具体分析领会把各个部分贯穿在一起的结构组织艺术。

一、课堂教学的导课艺术

课堂教学中的导课环节，是整个课堂教学的有机组成部分，其重要意义不可忽视。著名特级教师于漪曾说："在课堂教学中要培养、激发学生的兴趣，首先应抓住导入新课的环节，一开始就把学生牢牢地吸引住。"好的导课如同桥梁，联系着旧课和新课；如同序幕，预示着后面的高潮和结局；如同路标，引导着学生的思维方向。可以说，导课乃是整个课堂教学的"准备动作"，为师生即将进行的思维活动做好心理准备。教师精心设计导课环节，可以为整堂课的顺利进行打好基础。

（一）导课艺术的主要特点与功能

所谓"万事开头难"，开好了头就等于成功了一半。教学导课，就好比小提琴家上弦、歌唱家定调，第一个音定准了，就为整个演奏或歌唱奠定了良好的基础。导课艺术讲求的是"第一锤就敲在学生的心上"，像磁石一样把学生吸引住了，后边的课上起来也就顺了。不同特点的导课会产生不同的教学功能，具体说来如下：

1. 导课要有针对性，具有针对性的导课才能满足学生的听课需要

导课应当针对的教学实际有两方面：其一是指要针对教学内容而设

计，充分考虑其内容与所授教材内容建立起有机的联系，而不游离于教学内容之外。有位教师在讲《说谦虚》一文时的导课就设计得很精到。他说："有一位导演，成功地执导了一部新影片。当记者就这部片子请他谈谈想法时，导演说：'如果把这部整体美的影片打碎，那么任何一块碎片都将闪光。'而举世闻名的球王贝利在回答人们职业生涯中哪个球踢得最好的问题时，则说：'最好？下一个吧。'对于自己成绩的这两种态度，不是非常发人深思吗……"其二是指要充分考虑学生的年龄特点、心理状态、知识能力基础、兴趣爱好的差异程度。比如小学一、二年级，最好多从故事、寓言、游戏入手，中学生多从联想类比、启发谈话、设置疑难入手等。如果进行课堂教学导课时，教师的态度和蔼可亲，所讲内容是学生喜闻乐见的日常事理，学生听起来就能如入胜地而流连忘返。可见，具有针对性的导课能满足学生的听课需要，实现课堂教学的教育性。

2. 导课要有启发性，富有启发性的导课可以提高学生的思维能力

苏霍姆林斯基说："如果教师不想办法使学生产生情绪高昂和智力振奋的内心状态，就急于传授知识，那么这种知识只能使人产生冷漠的态度，而给不动感情的脑力劳动带来疲劳。"因为积极的思维活动是课堂教学成功的关键，所以教师在上课伊始就运用启发性教学来激发学生的思维活动，必能有效地引发学生对新知识新内容的积极探求。有位物理教师在对初中物理"运动与静止"这一课的教学中，就使用了启发性导课。一开始教师问："你们听说过用手去抓飞行的子弹的事吗？"对学生来说这种事几乎是不可思议的，教室内顿时鸦雀无声，同学们开始思考了。一会儿，课堂沸腾了，学生争先恐后地发表自己的看法："子弹飞得那么快，能用手抓住吗？""我就听说过。"老师肯定地回答，"第一次世界大战期间，一名法国飞行员，在2 000米高空飞行时，发现有一个小虫似的东西在身边蠕动，他伸手一抓，大吃一惊！原来抓到的竟是一颗德国制造的子弹。"学生听了十分惊疑，由此产生一种强烈的探究心理。"出现这种情况是什么道理呢？我们今天要学的课题'运动和静止'就要探讨这个问题。"于是，学生们的注意力集中到新授课的内容中去了。启发性的导课设计应注意给学生留下适当的联想空间，让学生能由此想到彼、由因想到果、由表想到里、由个别想到一般，收到启发思维的教学效果。

3. 导课要有新颖性，具有新颖性的导课才能够吸引学生的注意指向

赞科夫认为："不管你花费多少力气给学生解释掌握知识的意义，如果教学工作的安排不能激起学生对知识的渴求，那么这些努力仍将落空。"一般说来，导课所用的材料与课文的类比点越少、越精，便越能留下疑窦，越能吸引人。心理学研究表明，令学生耳目一新的"新异刺激"，可以有效地强化学生的感知态度，吸引学生的注意指向。在讲解朱自清的散文《绿》时，有位老师先讲了一个小故事：欧洲有个叫摩根的商人，长得高大魁梧，他的夫人却小巧玲珑。他们夫妇俩运了一大批鸡蛋到非洲去卖。到了非洲，商人先去卖鸡蛋，一连三天也卖不出去。于是他的夫人接过篮子到街上叫卖，不多时鸡蛋就卖完了。"同学们想想这是什么原因呢？"这引起学生的诸多猜想，但多不得要领。老师便说出谜底："摩根人大手大，鸡蛋在他手中便显得小，他的夫人人小手小，同样一个鸡蛋在她手中就显得大了，所以人们争着买。这就体现了衬托的道理"。同学们听了恍然大悟。老师接着说："文学家经过对生活现象的长期观察、体验，有意识地把生活现象进行加工提炼，运用于文学写作中，这就是我们常说的衬托手法。同学们看看《绿》这篇文章在哪些地方使用了衬托手法？这样写表达了作者怎样的思想感情？"这样导课就具有了新颖的特点。具有新颖性的导课往往能"出奇制胜"，但切忌只为新颖猎奇而走向荒诞不经的极端。

4. 导课要有趣味性，具有趣味性的导课可以激发学生学习的兴趣

著名教育家巴班斯基认为："一堂课上之所以必须有趣味性，并非是为了引起笑声或耗费精力，而是对课堂上掌握所学材料的认识活动的积极化。"充满趣味的导课能有效地激发学生的学习兴趣，调剂课堂教学的气氛和节奏，师生间往往在会心的笑声中达到默契交流。有位教师讲《谈修改文章》时的导课便趣味盎然，他说："大家常常写文章，可什么叫'文章'呢？老《辞海》上说：'画绘之事，青与赤谓之文，赤与白谓之章。'人的脸皮有青有赤亦有白，可见，每个人的脸皮就是一篇天生的'文章'。（笑声）古今中外，许多女同胞都是非常讲究'修改文章'的！（大笑）你看吧：她们每天早晨起来梳妆，对着镜子，用增白霜反复'揣摩'（涂抹），再用高级胭脂、唇膏精心'润色'，还要用眉笔仔细

地修改'眉题'。甚至于连标点符号也毫不含糊——非要用手术刀将'单括号'（单眼皮）改为'双括号'（双眼皮）不可！（笑声、掌声）你们看，这是何等严肃认真、高度负责的态度呀！我们每个人都有自己的文章，要想使文章出类拔萃，成为'真由美'（真优美），不在修改上下番苦功夫，行吗？（笑声）何其芳同志说：'修改是写作的一个重要部分。'看来，这是一条至理名言（板书中心句）。"这种导课是极具趣味的。俗话说：趣味趣味，要既有情趣，又有意味才好。学生笑过之后，教师应进一步引之深思，方是趣味性导课的上乘佳作。

5. 导课要有简洁性，具有简洁性的导课能够节约学生的听课时间

文学大师莎士比亚说："简洁是智慧的灵魂，冗长是肤浅的藻饰。"这个见解是极为深刻的。课堂教学的导课要精心设计，力争用最少的话语、最短的时间，迅速而巧妙地缩短师生间的距离以及学生与教材间的距离，将学生的注意力集中到听课上来。如一位教师讲授《小壁虎借尾巴》。开始上课了，教师带着亲切的微笑说："今天，老师带来了一只小动物的画像，你们谁认识它？"（说着，从课桌上拿起一张画有小壁虎的图，这只小壁虎是用水彩笔画成的动画片的形象，不但不丑陋，而且很可爱。尾巴做成活动的，可以摘掉）学生们马上惊喜地说："小壁虎"。教师接着问："谁知道它是什么样的动物？"有的学生说："壁虎有毒，能让人中毒"。另一学生说："壁虎吃苍蝇、蚊子。"教师这时趁机说："壁虎虽然长得不好看，可是它吃苍蝇、蚊子，是人类的好朋友。你们看这只小壁虎的尾巴怎么了？"（将画上的小壁虎的尾巴摘下）学生齐声说："哎呀，尾巴断了。"教师马上因势利导："这只小壁虎的尾巴怎么断的？断了以后它又该怎么办呢？今天我们学的《小壁虎借尾巴》（板书）这课，讲的就是这只小壁虎尾巴断了以后的事。"这个导课总共不到5分钟，却因其简洁凝练、巧妙、新奇，成功地激发了学生急切想学习课文的强烈愿望。

（二）导课艺术的原则要求

导课的根本目的，是想方设法把学生的注意力吸引到课堂上来，奠定良好的教学基础，为下面的学习做好心理准备。所以，艺术性的导课一般

应满足以下要求：

1. 目的明确，针对性强

虽然从根本上说，导课的目的是吸引学生的注意力，但是具体到每一堂课的导入，又有了更具体的目标，比如，有时是使新旧知识联系起来，有时是设置悬念引发学生对新内容的思考，有时是创设一种适合学生学习的意境，有时是解决学生对课题的疑问，等等。因此，艺术性的教学，必须明确导课的具体目的，导入语的设计、各种手段的使用都应针对具体目的。

2. 简洁明了，恰到好处

由于一堂课的教学时间有限，导课又不是授课的重点，所以不宜在课的开头花太多的时间。冗长、啰唆、不得要领的开头，不反没有美感，更不能取得良好的教学效果。艺术性的导课，必须争取在较短时间内，用最精练的语言，达成预定的目标。如一位教师讲授《念奴娇·赤壁怀古》时是这样开讲的："有这样一件有意思的事，音乐家想把这首词谱上曲子，作为《话说长江》主题音乐会的歌曲，但他们嫌这词太长，于是有人提议浓缩一半，他们向几位诗人提出要求以后，诗人们哈哈大笑：'怎么？把苏东坡的《念奴娇》改短？这可是千古绝唱啊！别说减一半，谁改得动一个字？'好吧，咱们今天便来学学这千古绝唱《念奴娇·赤壁怀古》，看看能改动一个字吗？"短短几句话用设问和反问，故意显出疑惑，使学生的思维由课前的茫然状态转变为惊疑后的思考，达到激发学生学习积极性的目的。

3. 新颖有趣，能吸引人

心理学研究显示，"新异刺激"可以有效地强化学生的感知，吸引学生的注意。因此，具有新颖性的导课往往能够引起学生兴趣。比如，有个教师给高一的一个班上观摩课，时间是刚上完一节体育课后的第四节，预备铃响过，教室里仍是叽叽喳喳，一片混乱。上课铃响了，这位老师走上讲台，学生们仍在打闹，怎么办呢？只见这位教师略停顿了一下，突然朝讲桌猛拍一掌，大声地对学生说："现在，我向大家宣布一条重大新闻。情况十分紧急。"学生们齐声回应："啊，什么重大新闻？"老师"嗯"了一声，然后说："这条新闻是——"，这时教师有一个较长的停顿，学生们都注意着教师，急于想听新闻，教室里顿时鸦雀无声。老师接着说道："但是，现在一下讲不清楚，我们要先上课，等上完课后，我保证告诉大家。"略停一下，又说："请同学们把课本翻到第103页，今天我们学习《为了六十一个阶级兄弟》。"而后板书课题。一场混乱霎时平息，教学活动气氛活跃，讲课取得了良好效果，令听者意想不到。

（三）导课艺术的基本形式与方法

导课艺术的具体形式与方法是多种多样的，关键在于教师要灵活运用、精心设计。据说托尔斯泰所写的《复活》一书开头部分有20种稿本，更为惊人的是，他写《生活的道路》一书，所写的序言稿本竟有105种之多！可见艺术家们为精彩的开头所下的功夫。

教学艺术家们所创造的教学导课的基本形式与方法有以下几种：

1. 温故导课

巴甫洛夫指出："任何一个新的问题的解决都是利用主体经验中已有的旧工具实现的。"也就是说，各种新知识都是从旧知识中发展而来的。所以"温故知新"的过渡式导课，就成为教师课堂教学中常用的导课方式。有位教师在上《茶花赋》一课时，就注意以旧带新，使学生感到新课非但不陌生，反而很亲切。他这样说道："同学们，现当代散文作家杨朔是我们的老朋友了。可以说，每个学期我们都见一次面。第一册他奉献给我们的是北京的香山红叶；第二册他请我们尝了广东甜香的荔枝蜜，也许现在我们还能回忆起它的甜味呢！今天他又将捧给我们春城昆明的一丛鲜艳的茶花，大家喜欢吗？"学生异口同声地说："喜欢！"这时学生的情绪已开始兴奋。老师接着说："《香山红叶》中作者借红叶喻老向导，越到晚秋越红得可爱；《荔枝蜜》中作者借蜜蜂赞美辛勤的劳动人民；今天的'茶花'又象征什么呢？"此时学生已产生了强烈的求知欲，个个跃跃欲试。

温故导课中的"温故"只不过是一种手段，导入新课才是真正的目的。在具体导课时切不可颠倒主次、喧宾夺主。温故导课一旦成了纯粹的复习课，就是一种失败。

2. 释题导课

课题是课文的窗户，从课题中常常可以窥视全文的奥秘。如果教师从解释课题词语、引发题意入手，不但有助于学生审破题意，了解所学内容的大致概况，而且为学生进入新课铺垫了心理基础。有位教师在讲《将相和》这篇课文时，即以巧妙的释题导课，达到了开"窗"窥"室"的效果。老师只用几句简短的课前谈话，就十分自然地引出了课题，他紧接着这样提问：《将相和》课题中，"将"指谁？"相"指谁？"和"是什么意思？"将"和"相"始终都是"和"的吗？他们为什么会不"和"？后来为什么又会"和"呢？然后他指出课文就是围绕这个课题，告诉我们"将"和"相"各是怎样的人，学习课文后，就会知道他们不同的性格特点。在设计运用释题导课时，应该对课题进行具体的分析，只有那些能通过释题来引起学生注意和发人深思的课题，才可采用释题的方法导课。而那些课题与内容关系显明，无须解释学生即可理解的，就不必画蛇添足了。

3. 激情导课

维果茨基指出：教育的影响是通过学生心理特点的"中介"或"折射"而发生作用的。"中介"就是学生当时的内心体验，这种内心体验好像一个三棱镜，教育的影响只有通过它的"折射"才能对学生的心理发生作用。在课堂教学中，有的教材中包含着真挚情感，教师导课时即宜于"披文入情"，以情真意切的语言多方激发学生的情感，达到以情育人的目的。有位教师在教《卖火柴的小女孩》时，是这样导课的："同学们，大年夜对你们来说，是多么美好的啊！穿戴一新，亲人团聚，品尝佳肴。可是在另一个国度里，却有这么一个小女孩，她在又黑又冷的大年夜里，光头赤脚，手拿一把火柴，哆哆嗦嗦地走在街上，叫卖着。"教师富有感情的语言，把学生的情绪带了课文所描述的悲惨境之中，引起学生内心世界的强烈共鸣，从而既促进了课堂交流的艺术效果，又使学生的思想得到纯化和升华。

4. 设疑导课

实践证明，疑问、矛盾、问题是思维的"启发剂"，它能使学生的求知欲由潜伏状态转入活跃状态，从而有力地调动学生思维的积极性和主动性，是开启学生思维器官的钥匙。有经验的教师都很注意设疑导课的启发思维功能，在导课时精心设疑问难，以启发学生展开思维的翅膀。有位物理教师在讲"牛顿第三定律"时，一开始，他就向学生提出这样一个问题："同学们，咱们班最近参加了拔河比赛，你们说，两队拔河，从拉绳来看，赢方一端的拉力大，还是输方一端的拉力大？"学生们先是一愣，接着大家争先恐后地说："赢方一端的拉力大！"教师却肯定地说："不对！拉绳上两端的拉力一样大！""为什么？为什么？"同学们睁大眼睛，愣住了。"这就是作用力和反作用力，即牛顿第三定律所说的问题，我今天就讲这个问题。"在这种情况下，教师的讲课就会像磁石一样牢牢地吸引住学生的注意力，学生的思维活动和情绪也和教师的讲课交融在一起，所讲知识便也溶解于学生思维的潮水之中了。师生间的思维共振现象，乃是课堂教学艺术取得成功的重要标志。

5. 故事导课

把课讲得生动形象、深入浅出，始终是衡量教师教学艺术水平的标准之一。而教师采取寓意深刻又幽默轻松的故事导课，教学语言铺陈渲染、绘声绘色，则是为学生所喜闻乐见的导课形式。如钱梦龙老师在讲知识短文《词义》时，为了使抽象的"词义"一词能迅速地为学生所接受，一开始就给学生讲了一个阿凡提理发的小故事：阿凡提为了惩治一个只理发不付钱的阿訇，先是给他剃了个光头，然后在刮脸的时候，阿凡提问他："眉毛要不要？"阿訇说："当然要！"阿凡提就把眉毛剃下来给了他，那人虽气，但又不好怪阿凡提，因为他确实说过"要眉毛"的。阿凡提接着又问："您的胡子要不要？"那人忙说："不要！不要！"阿凡提又哗哗两刀把他那漂亮的大胡子给剃掉了，结果阿訇的头像个剥光的鸡蛋似的。听了这个故事，同学们都大笑起来，钱老师马上因势利导地问学生："阿凡提究竟玩了什么花样让那个人上当的？"学生立即领悟到阿凡提是运用"要"这个词的多义性来捉弄阿訇的。于是，课堂教学自然引到对于词义的理解上了。故事导课宜短忌长，故事本身要能说明问题，教师还需引导分析，才不会使学生的注意局限于故事本身。

6. 创境导课

学生情感的触发，往往与一定的情境有关。教师在导课时可以根据教材特点，创设一定的情境，渲染课堂气氛，让学生置身于特定的情境之中，深入体验教材内涵。有位教师在教《小白花》一课时，将背景画面与背景音乐等巧妙地融合在一起，创设了特定环境。学生在舒缓、哀婉的朗读声中（录音），静静地观察着照片上的每一个细节，再加上音乐旋律的烘托，他们产生了强烈的心理共鸣。许多学生不禁潸然泪下。这种"未入其文，先动其情"的导课方式，唤起了学生无尽的思念，达到了"示之以形的形象性和动之以情的情感性"的水乳交融。学生在导课中积蓄的情感，必然转化为探求知识的巨大动力。导课时的情境创设要巧妙精当，真切感人，能够触到学生的内心深处，调动他们的情绪想象。这就需要教师具备编剧的本领、导演的才能和演员的素质。

7. 演练导课

在新课伊始，教师有选择性地展示挂图、实物、标本、模型，或做一些启发性强的实验、练习，最好让学生参与其中，这也是调动学生学习积极性、使知识直观形象地进入学生头脑的一种导课方式。因其实践性强，又多关系到师生双方，所以常为教师们所采用。有不少教师反映，学生对学习区域地理兴趣不足，原因是"八股"气重。这部分教材内容都是一开始就讲地理位置，缺乏吸引力。特级教师何化万便依靠地图来导入新课，取得了较好的效果。例如，讲"英国、美国"之前，教师展示出英、美两国所在洲的教学挂图，提出一些"猜谜语式"的问题，让学生看图思考："有一个国家，面临一个洋、两个海和两个海峡，四周海岸曲折，多良港，想想这是哪个国家？""有一个国家，地跨寒、温、热三带，濒临太平洋、大西洋、北冰洋，这是哪个国家？"于是全班学生都忙于从地图里找寻答案，大家兴趣十足，气氛活跃起来，主动性被调动起来。答案找到了，问题解决了，学生对新课的学习就更加主动积极了。使用演练导课，必须注意直观演示与语言讲解相结合，教师与学生共同参与其中，这样才能取得理想的效果。

8. 机变导课

有时在课堂教学之前，突然发生或出现了有利于设计导语的事件或情景，教师应注意敏锐捕捉，即兴应变，以调动学生学习新课的主动性和积极性。如有次讲授《卖炭翁》，时值雪止天晴，教师走上讲台便道："同学们，断断续续，飞舞了近一周的雪花停了。今天，阳光照耀，天气晴好，是我们盼望多日的好天气。但是，很久很久以前，有一个穿得十分单薄的老人，却不喜欢这样的天气，他总是期待朔风凛冽，大雪纷飞。他，就是白居易笔下的'卖炭翁'（板书课题），卖炭老人为什么有这样的反常心理呢？"这样，教师巧妙而自然地借景引入课题，使学生以常人的体验不能理解卖炭翁的反常心理，从而激发起学生探究的欲望，收到了好的效果。有时上课难免会发生一些出乎意料的状况，影响到教学的正常进行，这就要求教师能随机应变、排除干扰。如有次一位教师讲授俄国著名生理学家巴甫洛夫的《给青年们的一封信》时，课堂很吵，如果按照原来"人物逸事"的导课方法，很难把学生的注意力集中到新课上来，于是他灵机一动，突然叫了一名学生的名字，那名学生应声而起，教室里也随之静下来，教师赶紧抓住机会说："同学们，××同学应声而起，这在生理学上叫做条件反射。但是，你们知道条件反射学说是谁创立的吗？是著名的生理学家巴甫洛夫。今天我们就要学习一篇他写的文章《给青年们的一封信》。"这个话题一插入，便在短短几分钟内，排除干扰，顺利进入新课学习。机变导课要求教师具备机智灵活、沉着应变的能力，只有具备了这些能力，教师才能把握时机、因势利导，成功地进行导课。

9. 幽默导课

根据教学内容的特点和需要，有时可以使用幽默手段导入新课，增强教学的趣味性，吸引学生的学习兴趣。如一位语文教师在讲授《项链》一课时，便设计了这样的导课："平时大家常常听到一些歇后语，我今天说几条"歇后语"大家听听：'路瓦栽夫人借项链——穷出风头''路瓦栽夫人丢项链——乐极生悲''路瓦栽夫人赔项链——自讨苦吃'。当然这三句不能算歇后语，因为歇后语是全社会约定俗成的。这篇课文大家已经预习过了，你们对莫泊桑笔下的路瓦栽夫人有什么看法呢？现在我出个上联：'一夜风头项链即锁链'，请大家现在再仔细地阅读一遍课文，然后根据个人感受，对出下联，把自己的看法表达出来，对仗要基本工整。"这样的导课，可使学生轻松愉快、思维活跃地投入课堂学习之中。

二、课堂教学的过渡艺术

在课堂教学中，教师一堂课要讲述几方面的知识内容，为使各层、各部分之间衔接自然，紧密连贯，前后连成一体，教师的过渡艺术不可缺少。一般来讲，过渡会出现在如下几种情形中：

第一种，为课堂讲授由一层转入另一层、由一部分转入另一部分时需要过渡。

如在初中化学教学中讲"化学方程式"这一节时，首先要讲清"质量守恒定律"，然后才讲"化学方程式"。在前者讲完之后，教师这样说道："在化学反应里，各物质的质量在反应前后是相等的，即'守恒'的，那么，在工农业生产和科学实验中，我们应怎样将这些反应和这一规律表示出来呢？下面我们来学习'化学方程式'。"这样过渡就自然流畅。

第二种，当课堂教学由"总述"到"分析"，由"分析"到"总括"时需要过渡。

如在八年级道德与法治课中讲"我国基本制度"这一课时，首先讲它的建立，就要在"总述"——"完善和发展中国特色社会主义制度，关系到党和国家事业的发展、人民的幸福安康、社会的和谐稳定，国家的长治久安"之后进行过渡："那么，中国特色社会主义制度体系包括哪些基本制度？这些制度如何规范权力运行、实现人民当家做主？"从而引出了我国的基本制度，使知识前后衔接紧密。

第三种，当课堂教学由复习到新授、由新授到复习时需要过渡。

在英语课中，新授前往往要复习旧知识。如有位教师在讲到"We have our lunch at ten past twelve（我们在十二点十分吃午饭）"这个句子时，有的学生翻译不出来，于是老师说道："部分同学对英语时间表达掌握得不够扎实，以致影响了对这句话的翻译，下面我们来简单复习一下英语中的钟点表达法。"短短几句便把学生带入了复习回忆之中，既简洁又得体。

第四种，当课堂教学由讲授到练习、示范、表演、讨论等环节时需要过渡。

练习是课堂上为了巩固新知而常用的一种教学形式。在讲完之后，教师往往留有一定时间给学生练习。因此在讲与练之间，教师要简练地说上一两句过渡语。如有位数学教师在讲授三角函数"二倍角的正弦、余弦、正切"时，是这样过渡的："刚才我们学习了二倍角的三角函数公式及其变形公式，下面我们运用它们解答下列题目。"简短的一句话，既是过渡，又是要求，把学生由静坐听讲引到了动手练习。

以上是教学中常见的几种过渡形式，它们并非什么"奇花异草"。现实中，许多在教坛耕耘数载的老教师在这方面的功夫已是炉火纯青，运用自如了。有些青年教师虽初出茅庐，但也能勤于钻研，各怀绝技，往往在课堂过渡上既奇特又巧妙，既简洁又精当。下面我们再来看一看具体的过渡方法：

1. 层递设问式

通过富有艺术情趣的问题情境的创设，将学生从一个浪尖带到另一个波峰上去，以实现课堂教学内容的转换和课堂整体结构安排的合理。

于漪老师在讲授散文《雨中登泰山》时，就是这样导引过渡的：作者启程登泰山了，教师问："你们看到的雨中泰山是怎样一幅景色？过岱宗坊后首次映入眼帘的是怎样一幅奇景？"学生通过阅读，用生动的语言绘声绘色地把第一个波峰（虎山水库奇景）尽情描绘一番之后，教师又往前推进说："尽管黄锦、白纱的美景引人入胜，但'雨大起来了，不得不拐进王母庙后的七真祠'。为什么叫'七真祠'呢？祠中最传神之作是什么？怎样传神？"学生简要地介绍了第二个波峰之后，教师又立即过渡："传神的雕塑虽然使我们享受到了艺术美，但登绝顶领略无限风光毕竟是主题，让我们继续来到雨地，走上登山的正路。一路行来，从一天门到二天门，沿途见到了哪些奇景？最后"'会当凌绝顶，一览众山小'，绝顶又是怎样的风光呢？让我们带着胜利的喜悦，来欣赏这仙境般的美景。"当于漪老师用这一系列富有艺术情趣、层层递进的设问语言，把学生自然地从一个波峰送到另一个波峰上去时，一堂课就在不知不觉中过去了。

2. 归纳导引式

教学内容前后虽自成章节，但又各自相对独立。在这样的交换外，教师要从前一部分导引到后一部分，使教学节拍分明，层次清楚。对前一部分的归纳总结应是一种精简、梳理，以导出重点要讲的内容和问题，进而使课堂教学转入另一个部分。这样的过渡语言，常常会起到纲举目张、承上启下的作用，使过渡水到渠成，自然有序。

如上海市特级教师钱梦龙在讲授《故乡》时，对小说中"回乡途中的'我'"这一问题的分析讲授就是这样过渡的。这堂课的初始，他让同学们自由发言，提出问题，在学生们提出了众多的问题，诸如"为什么说似乎看到了我美丽的故乡""为什么说这次回故乡是凄凉的神情呢"之后，钱老师立即加以归纳总结过渡："现在我们把这些问题归纳成两个：一个是故乡究竟美不美；一个是为什么'我'的心绪不好。关于前一个问题有一个同学提得很好，是哪一位同学，请说说你的问题。"由于过渡巧妙，学生的注意力不知不觉便集中到了新的问题上。语文课在段落层次中过渡，数学、物理等在章节中过渡，这些课中都可运用归纳导引法进行过渡。

3. 渲染激励式

教学由一内容过渡到相关的另一内容时，教师可抓住另一内容的性能、特点、作用、影响或有关的人和事，进行渲染式的介绍、激励，使学生产生学习的迫切感、好奇心和强烈的求知欲。这样的过渡既自然、流畅，又扣人心弦，同时学生也易于接受、掌握新的知识内容。

如在高一物理教学中，在讲第一章"力"中的第二节"重力、万有引力"时，讲完"重力"部分后，便要由地球对表面物体的吸引作用过渡到"万有引力"。有一位物理教师是这样过渡的："由于地球上的一切物体都受到地球的吸引作用，因此物体往往由上往下落，这是牛顿的研究成果。据报道，一次，牛顿在树下坐着，一个苹果偶然从近处树上掉下来，这激起了牛顿的思考，使他想到地心引力的存在。这就是我们前面学到的'重力'。不仅如此，牛顿对苹果落地还进行了深入研究，为此他进一步阐明了'万有引力'。当时牛顿还不到二十四岁。那么牛顿发现的'万有引力'是一种怎样的力呢？现在我们一起来学习这一部分知识。"这是通过介绍、渲染科学家及其事迹进行过渡，这会使学生通过对权威的崇拜进而产生强烈的求知欲和学习积极性。

有这样一个心理学试验：把水平相等的学生分成两组，给他们讲诵同样一首诗，一组告诉其作者是谁；另一组不告诉。结果，前一组的记忆力是56.5%，后一组的记忆力仅为30%，而采用强化权威的手段，则平均记忆力高达98.5%。这足见渲染激励式的作用是巨大的。

4．穿针引线式

一堂课中，如果所教学的内容由几个段落或几个层次所组成，教师在段与段、层与层间的过渡可以根据整个教学内容的各段、各层之间的内在联系或抓住它们的共同特点进行过渡，这种前后一贯的过渡形式，有如裁缝师傅穿针引线，如果技巧高超、过渡自然，则会给人浑然一体、天衣无缝之感。

有位语文教师教学俄国著名文学家契诃夫的《变色龙》，在对奥楚蔑洛夫的性格进行分析时，抓住一个"变"字，"穿针引线"，层层推进，使学生通过警官的声色变化加深了对沙皇俄国的腐朽统治的认识。

又如，有位历史教师在讲授近现代史部分的《艰苦的战争历程》时，为了使学生深刻理解"没有共产党就没有新中国"这一主题，他是这样讲的："在清王朝的封建统治下，谁能领导中国革命走向胜利呢？我们先看看农民阶级能否挑起这副重担。"引导学生学习了太平天国运动、义和团运动之后，该教师说道："太平天国和义和团均失败了，其根本原因在主观方面，在于它们是一场没有先进阶级领导的农民运动，因此，中国革命要取得胜利，就不能选择农民阶级作为领导阶级。那么，资产阶级怎么样呢？我们再来看看资产阶级改良派领导的维新变法运动。"最后，教师归纳说："历史表明，农民阶级、资产阶级不能领导中国革命取得胜利，而只有中国工人阶级及其政党才能担负起这一历史重任。"这样便自然过渡到了"中国共产党的成立及新民主主义革命"这一内容。在教学中，教师抓住"中国革命要走向胜利，应该由谁来领导"这一关键问题进行串连，穿针引线，步步深入，最后达到了教育与教学目的。

总之，课堂过渡语要承上启下，既能承接前面的内容，又能导引所要讲的知识，但又不能生拉硬拽，故弄玄虚，要在"巧"字上下功夫。因此，课堂过渡是一门学问，是一门艺术。

三、课堂教学的结课艺术

古人写文章讲究设计一个坚强有力、发人深思的结尾，形象地称其为"豹尾"。同样，教学也应注意课堂教学结尾的设计，做到善始善终，而不要"其兴也勃，其亡也忽"，虎头蛇尾，草草收场。结尾好坏，是衡量教师教学艺术水平高低的标志之一。一位高明的教师，常把最重要的、最有趣的东西放在"末场"，越是临近"终场"，学生的注意力越是被情节吸引。恰如教室在片刻时间里笼罩着一阵"喧嚣的寂静"，悬挂在寂静之上的是一个巨大的问号，突然，问号又变成一个更大的惊叹号，并伴随着学生、教师的欢呼声。好的教师都很讲究恰到好处的结课，或归纳总结、强调重点，或留下悬念、引人遐思，或含蓄深远、回味无穷，或新旧联系、铺路搭桥等，显示了各自精湛高超的教学艺术。

（一）教学结课艺术的原则要求

恩格斯曾经说过，文章"要有一个好的结尾"。课堂教学的结尾也应讲究这一点。好的结课，能给人以美感和艺术上的享受，但这不是教师只凭灵机一动就能达到的效果，而应该增强对教学结课的设计意识，不断提高教学结课的艺术水平。教学结课的基本原则如下：

1. 画龙点睛、突破时空

画一条龙最后的是"点睛之笔"，这一笔点好了，整条龙才活灵活现。课堂教学的结尾也是整堂课的"点睛之笔"，是很重要的。正像演戏很讲究演透而不演绝，只有演透，思想内容才能发挥得淋漓尽致，人物的性格、情感才能刻画得尽其精妙，但若一演绝，就断送了艺术。因为有余味正是艺术的魅力所在。课堂教学艺术也是一样，不能讲绝，讲绝就失去了"启发"想象的效果。这就要求教师的教学以"不全"求"全"，在有限中追求无限，突破课堂教学的时空局限。即在一堂课结束时，注意浓郁的色彩、艺术的含蓄，使学生感到"言已尽而意无穷"，课后引起咀嚼回味，展开丰富想象。特级教师于漪的经验是"用点睛之笔，把文章的精髓鲜明地突现在学生眼前。"唯其如此，教学才能收到画龙点睛、突破时空的艺术效果。

2. 首尾呼应、相对完整

课的结束应当紧扣教学内容，使其成为整个课堂教学艺术的有机组成部分，做到与导课遥相呼应，而不要游离主题太远。特别是有些课的结尾实际上就是对导课设疑的总结性回答，或是导课思想内容的进一步延续和升华。如果导课精心设疑布阵，讲课和结课中却无下文，或结果又是悬念丛生、另搞一套，则易使学生思路混乱，无从获益。同时，教师的结课还应注意结在横断面上，即讲授内容告一段落或讲完了一个问题时，进行恰当的收束以使教学内容显得系统连贯、相对完整。而不要结束在一个问题还没讲完的"半坡"上，否则会使教学显得支离破碎，影响效果。

3．干净利索、适可而止

所谓"常行于所当行，止于所不可不止"。不要在内容上画蛇添足，在时间上拖堂，打"疲劳战"。教师要养成准时上课和准时下课的习惯，不可提前，也不可拖堂，否则将会降低教学效果。有人曾调查过中学生对"拖堂"问题的看法，结果48.04%的学生理解老师的拖堂行为，认为老师是出于对工作负责，但不赞同拖堂；有26.47%的学生怨恨老师拖堂，这部分学生措辞尖刻、反应强烈，特别是对放学前一节拖堂的老师，常用一些动作、声响或表情暗示老师；因课后需要上厕所等事情而导致不满的学生占20.59%；没反应的占4.90%。可见，拖堂既不符合学生的生理特点，又对学生造成思维惰性、心理疲劳等有害影响。所以作为教师，如果不是万不得已，就应该按时下课。

（二）教学结课艺术的形式与方法

教学结课的形式与方法有很多，教师可根据教学内容、学生情况或课堂临时出现的状况灵活选用、机变创新，而不可拘于成式，死板单调。

1．自然式结课

所谓"瓜熟蒂落、水到渠成"。教师所讲一堂课的最后一个问题的最后一句话落地，下课的铃声正好响起，这便是自然式结课。这种结课方式要求教师精于设计课堂教学的内容和结构，准确把握课堂教学的进程和时间，才能有效地达到预期的结果。这种结课方式看上去顺理成章、自然而然，好像不须讲究任何技巧，其实却往往是只有那些教学艺术技巧纯熟的教师，才能高水平地驾驭这种结课方式，并使之达到艺术的境界。

2．总结式结课

总结式结课即用准确简练的语言，提纲挈领地把整节课的主要内容加以总结概括归纳，给学生以系统、完整的印象，促使学生加深对所学知识的理解和记忆，培养其综合概括能力。总结可以由教师做，也可以先启发学生做，教师再加以补充、修正。用于总结的语言不应是对所讲述过的内容的简单重复。如有位一年级数学老师，教完10以内数字后，为了使学生便于记忆，在结课时就根据每个数的形状把它编成了如下的儿歌："1像铅笔细长条，2像小鸭水上漂，3像耳朵听声音，4像小旗迎风飘，5像称钩来买菜，6像豆芽咧嘴笑，7像镰刀割青草，8像麻花拧一遭……"总结归纳的方式，可视具体情况灵活变化；可以用简明扼要的语言，复述讲解要点，强调应掌握的主要概念和原理；也可以重读课文的重点句、段，强化印象；还可以启示学生回忆复述课文的主要内容；等等。苏联教育家达尼洛夫和叶希波夫认为："通过总结学生在课上所学习的主要事实和基本思想来结束一节课是很有好处的。"因为在他们看来，"一节课的结束工作做得认真、合理而灵活，就会使学生感到这一节课的完整性。"总结式结课是教学艺术中的常用结课法。

3. 悬念式结课

叶圣陶说："结尾是文章完了的地方，但结尾最忌的却是真个完了。"所以，优秀的教师在教学结课时常常使用设置悬念的方法，使学生在"欲知后事如何"时却戛然而止，从而给学生留下一个有待探索的未知数，激起学生学习新知识的强烈欲望，使"且听下回分解"成为学生的学习期待。一般上、下两节课的内容和形式均有密切联系的，用悬念式结课较好。如有位教师讲完等差数列后，下节课要讲等比数列，在结束时提出：数列20，10，5，2.5，1.25，…的第10项是多少？这时学生马上活跃起来，有的在一项一项地算下去，有的企图寻找出规律，这位老师就抓住此时学生的心理说：其实第10项是很容易算出来的。等下一节课你们就知道了。这样，学生一定很想知道这里的奥秘，急切地等着下一节课，并为上好下节课做好了铺垫。

4. 回味式结课

黄政枢说："好的结尾，有如咀嚼干果，品尝香茗，令人回味再三。"回味式结课，即在一堂课结束时，注意增添浓郁的色彩、艺术的含蓄，使学生感受到"言已尽而意无穷"，课后引起咀嚼回味，展开丰富想象。如特级教师于漪教《茶花赋》一文，在结束授课时，出示了一朵含露乍开的童子面茶花挂图。文章赞美了千树万树的茶花，为何仅只独画这一朵呢？又为何在课将结束时方出示给学生看？其用意不仅在顺着文章脉络帮助学生理解有关语句，更在于把这鲜艳绚丽的童子面茶花的形象印在他们心上。用这美好的形象，引导学生体会作者对祖国的无限热爱与由衷赞美，理解文章的精髓；用这样美好的形象在学生心田撒播热爱祖国的种子，激发热爱社会主义的深情。回味式结课以含蓄隽永、耐人寻味的特点，受到学生的欢迎。它能有效地增强学生的学习兴趣，培养并提高其鉴赏能力和思维能力。

5．激励式结课

教师的结课充满激情，且以意味深长的话语寄厚望于学生，往往很能打动学生的心扉，留下难忘的印象。优秀教师陈仲梁教授《大自然的语言》时就采用了这种结课方式。他满怀激情地说："物候学是多么有趣的一门科学啊！大自然以它生动优美的语言——草木荣枯，候鸟去来，花香鸟语，草长莺飞，向人们倾吐内心深处的秘密。这些秘密带来了农业的大丰收。大自然倾吐的秘密，好像斯芬克斯之谜，只有辛勤的人才能找到谜底。你看，为了能解开这个谜，科学工作者研究了纬度的差异，经度的差异，高下的差异，古今的差异，以高度的热情、严谨的态度，为洞悉大自然的奥秘付出毕生的精力。我国卓越的科学家竺可桢，临终的前一天还坚持用颤动的手写下当天的天气情况，并注上'局报'两个字。多么可贵的科学热情，多么可贵的严谨作风。物候学与我们一样，正处在年青时期，风华正茂。有志于此者，将会大有作为啊！"这样的结课，能不让学生热血沸腾，为之动容吗？

6．延伸式结课

有些课讲完后，不应是学生学习的结束，还应把课尾作为联系课内外的纽带，引导学生向课外延伸、扩展，开辟"第二课堂"。如有位教师在《蝙蝠和雷达》这课的结束阶段，设计了这样一个练习："人们从蝙蝠身上得到启示，发明了雷达。你还知道人们从什么地方得到了启示，发明了什么？"孩子们争着回答："人们从荷叶得到了启示，发明了伞。""人们从火药得到启示，发明了火箭。""人们从大脑得到启示，发明了电脑。"……一下子就举出了10多个例子。尽管有的讲得不十分准确，但说明学生对这样的问题非常感兴趣。教师便趁着学生兴趣正浓时，又提了一个问题："你从什么得到启示，觉得可以发明什么？"要求学生积极开展科技小发明、小创作活动。这样就把学生从课堂上激起的学习兴趣延续到课外，鼓励学生去探索课本以外的奥妙。

7. 游戏式结课

有时学生上完一节课，身心已很疲劳，用提问、复述等单调的方式巩固复习所学知识，效果往往不会很好。这时结课就可尽量生动活泼一些，特别是低年级有时可设计游戏娱乐形式。如一位教师在教完谜语诗《画》，问小朋友是否愿意回家背诵给家人听后，提议先在课堂上演习一下，并自己扮演年老重听的老奶奶。下面是这个教学片断的实录：

生：奶奶，我们今天学了一个谜语，你能猜猜吗？师：好，我很喜欢猜谜语呢。你说说看。生："远看山有色……"师：什么？远远地就能看到山上有蛇？这蛇一定是大蟒蛇吧？生：不是蛇（shé），是色（sè）。师：好好，奶奶耳朵不太好，"色"是什么意思？生：色是颜色的色。就是远远看去山上一片青翠的颜色。……

这位教师善于"寓教于乐"，而又"乐而不嬉"，在教学游戏中巧妙地运用相声中常用的"打岔"技巧，既检验、巩固了知识，又极富于趣味。

8. 震颤式结课

教师在结课时以机言警语触动学生的心灵深处，使其情思之弦震颤不已，心潮之澜难以平静，收到发人深省的教学效果。如在《孔乙己》的总结课上，教师问学生："孔乙己有脚吗？"学生回答："有啊！"教师又问："他在离开我们的时候，是用脚离开的吗？"学生肃然回答："用手。"教师就势总结道："课讲完了，孔乙己也离我们而去了，他走了。是用脚离开的吗？不！是用手。孔乙己这个倍受凌辱、尝尽人间酸甜苦辣的读书人，这个善良忠厚、迂腐困窘的读书人，由于被打致残，频遭冷遇，只好用一双手走了，悲凄地、艰难地走了，走出了读者的视线，也走出了生活的舞台。"这样的结课多么震颤人心，又是多么令人警醒。那股潜入人心的苦涩情味，究竟是对人物的同情，还是对社会的控诉？它让人久久难以排解。孔乙己的形象也便走进了学生的心坎，成为学生刻骨铭心的永恒记忆。这样的结课是画着惊叹号的，具有振聋发聩的作用。教师运用时要体现出足够的力度才行。

9. 幽默式结课

美国的乔治·可汗说："当你说再见时，要使他们脸上带着笑容。"幽默式结课常能收到这样的效果。如1930年，鲁迅先生在上海中华艺术大学做《绘画杂论》的演讲，指出中国市侩主义者喜欢月份牌上"病态的女性"是种畸形的审美观，并痛切剖析这类画的内容卑劣之处，结束时说："今天我带来一幅中国五千年文化的结晶，请大家欣赏欣赏。"说时一手伸进长袍，把一卷纸徐徐从衣襟上方伸出，打开看时，原来是一份病态十足的女人的月份牌，引得全场哄堂大笑，鲁迅便在笑声和掌声中结束了他的演讲。有的幽默结课来自精心的设计，也有的幽默结课得于机智灵活的应变。如有位地理教师讲解一幅地图，没想到没钉结实，地图"啪"的一声掉了下来。这时正好响起了下课铃声，这位教师不失时机地幽默了一下："看来挂图也想休息了，下课。"干脆利索，饶有风趣，师生在会心一笑中完成了课堂教学。

10. 探索式结课

结课有法，然无定法，教师可以在教学艺术实践中，探索各种有效的结课形式。就像诗歌创作，虽然《白石诗说》有云："一篇全在尾句。"但实践起来，却有"篇终语清省"（白居易语）和"篇终接混茫"（杜甫语）的不同。教学结课也允许不断探索新的形式与方法，借鉴其他艺术形式的结尾方法。如有些电影艺术的结尾，就很值得借鉴。（1）选择式结尾（多种结尾并存）。电影《李小龙传奇》的结尾即属此类。导演根据各种传说为主人公安排了多种结局，影片本身并没有肯定哪一种结局，而是将多种结局并存，以供观众想象、评议与选择。如果课堂教学也设计多种课尾，使之并存，以供学生选择的话，那将是别有情趣的。（2）填空式结尾（没有结尾的结尾），也称零结尾，或自由发挥式结尾。据说美国电影导演罗本·马摩里在导演《瑞典女王》最后一个镜头时，演员苦于找不到最好的表演方式，觉得怎么演都不合适。导演想了想，最后决定："我要让每个观众自己来写结尾。我要给每人一张白纸——如约翰·洛克所说的'白板一块'，上面什么字都没有。让他们想写什么就写什么，爱写什么就写什么，悲哀、灵感、勇气，什么都行。我们把这场戏端出来，大家来填空。"以定格几分钟的镜头作结尾，结果使观众大为惊讶！每个人都按自己的理解来设想主人公的感受，于是人人都感到满意。实际上他们看到的是一个零，非常美的一个零。事实上，零在某种意义上就等于无限丰富。课堂教学中，偶尔来点空白式结课，给学生留下足够的思考和想象的余地，让他们以自己的心得来填空，也能引起学生浓厚的参与兴趣。

第三章

让孩子的成长充满关爱

第一节　从建立学生心理档案开始

世界卫生组织提出：健康是在身体上、心理上和社会功能上处于完满状态，而不仅仅是没有疾病和处于虚弱状态。建立学生心理档案，是加强学生心理教育工作，推进素质教育向纵深发展，实现教育现代化的重要条件和必要保障。它可以为学校的宏观管理提供决策依据，可以提高教师教育决策和科学研究的水平，可以为学校心理咨询、辅导和治疗工作提供操作指南，可以为学生的身心健康发展提供动态的监测手段，从而为全面提高教育教学质量提供切实有效的帮助。从这个层面来说，建立学生心理档案是关爱学生成长的开始。

一、建立学生心理档案意义重大

学生心理档案的建立对于学校教育科学化具有十分重要的意义。具体来说，有以下几点：

1. 学生心理档案的建立可以为学校的科学管理提供宏观的决策依据

为学生建立心理档案，能及时准确地了解和掌握全校学生的心理发展规律、特点及现状，从而为学校的科学管理提供心理学依据。如通过寻找导致某一部分学生发生心理障碍的原因，并从宏观上寻找教育、预防和干预的方法，可以为学校的分班教学、个别化教学提供前提条件，为特殊儿童的鉴别、筛选和培养提供参考；通过心理档案所反映出来的学生兴趣爱好的相关信息，可以为丰富课外活动、满足学生的正当心理需求提供决策依据；同时，建立学生心理档案还为从整体上评价一所学校的教育水平提供了一套科学的评估系统；等等。

2．学生心理档案的建立可以提高教师的教育教学质量

学生心理档案的建立有助于教师更好地贯彻因材施教的原则。教师要提高教育教学质量，必须了解学生个体间的心理差异，以贯彻落实因材施教的原则。建立学生心理档案，能直接为教师提供学生目前的心理状况，可以使教师了解每个学生的能力差异、个性特点、心理欲求、学习心理等，为教师科学地管理和教育学生提供直接的方法，从而使教师在教育工作上能有的放矢，减少盲目性，提高针对性，进而提高教育教学质量。

3．学生心理档案的建立有助于教师加强对青少年心理的研究，提高教育科学研究的水平

通过建立学生心理档案，我们可以了解在一定社会和教育条件下，不同年龄阶段的青少年的心理发展特点和他们所共有的心理特征，归纳出青少年存在的心理问题及其产生原因，从而提出适合青少年心理特点的教育方法。另外，青少年心理是随着社会的发展而不断发展的，建立学生心理档案，可以为青少年心理研究提供第一手资料，教师可以通过对这些资料的分析和概括撰写论文，从而提高教育科学研究的水平，也有助于加强对青少年心理的研究。

4．学生心理档案的建立有利于加强学校的德育工作，有利于学校心理健康教育工作的开展

面对新的形势和当代学生思想、个性特征的新变化，我们迫切需要建构一套新的、科学的、行之有效的德育工作内容和方法体系。近年来的教育实践证明，心理学方法是一种行之有效的德育方法，心理健康教育已成为德育十分重要的内容。学生心理档案的建立有利于加强学校的德育工作，主要表现在：它有助于教师了解学生的心理特点和个别差异；有助于教师发现和诊断学生个人或集体存在的心理障碍与行为困扰；有助于教师客观地了解学生在道德认识和道德情感及行为上的发展水平，以便采取恰当的方法进行教育与管理工作；有助于教师有效了解学生在特定社会环境下的政治态度、思想问题和意见要求。

5．学生心理档案的建立为学生心理的健康发展提供了动态的监测手段

从纵向看，建立学生心理档案为学生个人心理健康发展提供了十分重

要的条件。它是每一个学生心理成长的轨迹，学生可以通过心理档案了解自己的心理状况，在发现自己有心理问题时，及时寻求心理帮助，经过一段时间的调整或矫治后，仍可以借助心理档案考察效果，因此它能对每位学生的心理成长、心理潜能开发提供帮助，同时，也为心理辅导和心理咨询工作者在解决学生心理问题和心理障碍等方面提供了重要保证。从横向看，建立学生心理档案可以揭示教师在教育教学工作中的问题，揭示学生共性心理品质的问题，它能促进学校和教师更新教育观念、转变教育思想、改革教育方法、创设良好的学校心理环境、设法通过各种手段去进行教育和训练，从而提高学生的共性心理品质，促进学生心理的健康发展。

二、建立学生心理档案的一般程序

学生心理档案的建立主要包括以下几个步骤：首先是确定心理档案的内容，其次是搜集学生资料，最后是对资料进行整理、分析、解释和建立心理档案。

（一）确定学生心理档案的内容

心理档案的内容，又称心理档案的项目，是指揭示或了解到的有关学生心理状况、心理特点等的材料。学生心理档案的内容，应尽可能全面地反映学生的心理特点，从而为学校教育提供可靠准确的信息。学生心理档案的内容一般包括两大方面：一是影响学生心理发展的基本资料，即学生基本情况，主要包括个人基本情况、家庭生活情况、学校学习生活情况及对个人生活有影响的重大社会生活事件等；二是反映学生心理状况和心理特点的资料，主要包括智力水平、个性特征、心理健康状况、学习心理特征、职业能力倾向类型等。具体说来，学生心理档案包含如下内容：

1. 学生基本情况

学生基本情况主要是提供一些背景资料，以帮助教师深入分析学生心理，正确诊断学生心理问题产生的原因。主要包括如下几个方面：

其一是个人简介。主要包括姓名、性别、出生年月、籍贯、民族、政治面貌、就读学校、年级、家庭住址、爱好特长等。

其二是身体状况。主要包括血型、一般健康状况、身体发育状况、是否有生理缺陷、个人病史等。

其三是家庭生活情况。主要包括家庭成员的工作性质及职务、文化程度、家庭组织结构、家庭居住环境、家庭经济状况、家庭氛围、家长的教育方式与态度、亲子关系、是否是独生子女、家中排行等。

其四是学校学习生活情况。主要包括学生的学习成绩、学习态度、学习习惯、思想品德、行为习惯、体育运动、交际水平（含师生关系、同伴关系）、担任班干部情况、获奖情况等。

其五是对学生个人生活有影响的重大社会生活事件。如家庭成员的去世、父母离异、与教师同学关系紧张、生活条件改变、生活中遇到的重大挫折等。

2. 能力状况及其教育建议

主要是指学生的智力水平如何、智力特点怎样，如何进行有针对性的智力训练；学生的言语—语言智能、数学逻辑智能、视觉—空间智能、身体—运动智能、音乐—节奏智能、自我内省智能、人际交往智能和自然观察智能水平等如何，分别处于哪一等级；能力倾向鉴定及创造力测量；等等。

3. 人格特征分析及培养建议

主要是指学生的性格类型及特征，气质类型及特征，个性心理有哪些特征，个性心理有哪些良好或不良的品质，学生的兴趣、态度、人际关系及品德的特点，等等。

4. 心理健康状况及辅导策略

主要是指学生的心理健康水平鉴定，有无心理问题或心理障碍，程度如何，怎样进行辅导或矫治。

5. 学习心理分析及教育对策

主要是指学生的学习态度、学习方法、学习动机、学习意志力、考试心理、学习困难的诊断以及学习认知因素分析、学习动力状况分析、学习社会因素分析、怎样优化学生的学习心理等。

6. 职业能力倾向类型分析及指导

主要是指对学生的职业兴趣、职业能力的诊断，分析其适合从事哪一类工作，从而为学生进行升学就业指导。

以上是学生心理档案的一般内容，在建立心理档案过程中，可以根据本校实际选择相应内容。

（二）搜集学生资料

确定了学生心理档案的内容后，就要搜集反映这些内容的资料和信息，这是建立心理档案的关键。学生资料的搜集方法主要有观察法、自述法、作品分析法、问卷法、谈话法和心理测验法等。

1. 观察法

观察法是有目的、有计划、有系统地获取处于自然条件下学生资料的方法。按心理辅导教师是否参与学生活动，可将观察法划分为参与性观察法和非参与性观察法；按心理辅导教师在观察时是否借助于仪器，可将观察法划分为直接观察法和间接观察法。对于观察的结果，可用下列三种方式做记录：（1）评等法。心理辅导教师对所观察的学生的特质或行为评定等级，比如学生对某种事物可以是不喜欢、不太喜欢、一般、有点喜欢、很喜欢，教师可以在预先印好的表格上按级画圈。（2）记录出现频率法。心理辅导教师将规定好要观察的学生的项目预先打印在纸上，凡出现了某种现象，就在这个现象的框上画一个"▲"。（3）逸事记录。逸事记录是指教师将观察到的事实以叙述性文字做简明记录，包含学生的姓名、性别、年级、观察时间、观察事实及对事件发生情境的描述、教师的解释与建议等。

2. 问卷法

问卷法是心理辅导教师运用统一设计好的问卷向学生了解情况和征询意见的方法。问卷是按一定的理论假设设计出来，由一系列指标、变量所组成的搜集资料的工具。采用自编的问卷调查，如用书面问题、表格让学生回答、填写，可了解学生的一些基本情况和心理活动。

3. 作品分析法

作品分析法是指借助学校的各种评定和记录以及学生的作品来获取信息的方法。如通过对学生的日记、周记、信件、作文、自传、各种作业、试卷、模型和其他创作作品等的分析，了解学生的心理活动。其中自传分为主题式自传和综合式自传。主题式自传的内容限于个人生活的某一方

76

面，如"我的家庭生活""我的学校生活"等。在对学生的自传进行分析和解释时，要考虑以下问题：自传反映了学生一种什么样的情绪基调？自传提及了哪些重大经历和重要的背景资料？在按时间顺序记载个人经历时有无明显的时间段？有无逃避敏感性问题的意向？等等。

4. 谈话法

谈话法是指心理辅导教师以与学生或其较亲近的人通过直接谈话的方式来了解学生心理的一种方法。通过谈话法，可了解学生真实的心理背景、曾经的心灵创伤等。

5. 心理测验法

心理测验法是建立心理档案最主要和最常用的方法，其关键是选择合适的测评工具进行施测。在选择合适的测评工具时首先要考虑选择标准化测验，其次要明确测验的目的、功用及适用范围。

（三）结果解释和建立心理档案

在搜集了学生资料后，就要对每一种资料尤其是心理测验的结果进行解释，并结合学生基本情况提出教育培养上的建议，然后再建立心理档案。

1. 统计及结果解释

心理辅导教师首先要按照每一测验所提供的计分标准进行统计，并要将原始分转换成标准分。计分统计过程一定要实事求是、客观公正。其次是将统计出来的分数赋予一定意义并将有意义的信息传递给当事人、其他教师及家长。在进行分数解释时，要参考常模资料、效度资料，还要考虑测验情境等其他因素。在向当事人或其他人报告时，一般只须告诉测验结果解释，并应注意以下几个问题：（1）使用当事人所能理解的语言；（2）保证当事人知道这个测验测试或预测的是什么；（3）使当事人知道他是和什么标准进行比较的；（4）提出科学的、有针对性的建议。

2. 提出教育培养建议

根据结果解释，围绕如何发展能力、培养创造力、优化人格、促进心理健康、提高学习成绩以及指导升学或就业等方面提出教育培养建议，这是建立学生心理档案的目的所在。因此，我们要根据结果解释，并结合学生各方面的情况，首先分析其形成原因，然后科学地、有针对性地提出教育培养建议或辅导策略。

3. 建立学生心理档案

建立学生心理档案，可以保证对学生资料的科学管理、妥善保存和有效利用。首先要选择心理档案的形式。其形式主要有文本式和电子文档式，文本式又有档案袋和专项卡片两种形式。电子文档的形式，可以减少差错，防止资料丢失，保证资料管理的准确规范、安全可靠，进而提高工作效率。其次是将信息填写或录入。这样，一份完整的学生心理档案就建立起来了。

三、学生心理档案的使用

建立学生心理档案的目的是促进学生心理发展和人格健全，维护学生心理健康，提高学生心理素质，提高学校教育教学效果。为此必须正确使用学生心理档案。在使用学生心理档案时要结合学校、年级、班级和学生本人的特点，有整体观念，把学生心理档案看作一个相互联系的系统，因为心理档案的各方面内容是相互联系、相互影响、相互促进的。具体说来，在使用学生心理档案过程中注意以下几个要点：

第一，根据学生心理档案反映出来的不同年级的能力、人格、心理健康等方面的特点来进行分班、分组，选拔学生干部，制订教学计划，开展心理教育活动，从而提高教育教学效果。

根据学生心理档案，可以研究每个年级的学生在能力、人格、心理健康方面的总体状况和特点，在年级分班或班级分组时，可按照能力水平、人格特点等因素来进行分班编组。在选拔学生干部时，也可根据其个性特点来进行有针对性的培养锻炼。在制订年级教学计划或班级教学进度时，也要结合各年级或各班的实际情况和学生的智力特点，这样才能有的放矢。如通过分析某班学生心理档案，发现该班学生的智力水平普遍较低，那么，我们就可以在制订教学计划时，适当减少教学内容，降低难度，放慢教学进度，并在教学过程中将发展学生的智力放在首位，开展多种形式的思维训练等。对于各个年级或班级存在的一些共性或倾向性的心理问题，则要开展全校或班级的心理教育活动来进行团体辅导。

第二，根据学生心理档案所提出的教育培养建议，积极地、有针对性地做好个别辅导工作。

每份学生心理档案，都提供了学生的能力、人格、心理健康、学习心理及职业能力特点等方面的较为具体的教育建议或培养策略，教师可以根据这些建议对该生进行个别辅导。由于个别辅导工作量大，花费时间长，因此在进行个别辅导时，主要是针对那些问题较多或较严重的学生，如果条件允许的话，也可以对每个学生进行个别辅导。此外，在进行个别辅导时，可以是针对学生某一方面的问题进行辅导，也可以是多方面、全方位地进行辅导，这要视学生的实际情况而定。

第三，根据学生心理档案所提供的信息，进行教育科学研究工作。

学生心理档案是一个动态发展的档案，它反映了学生心理的成长轨迹。教师不仅可以从学生心理档案中了解学生心理发展的轨迹，而且可以考察教育措施的效果，因此可以借助学生心理档案来加强对青少年心理及其他教育科学研究的工作力度。此外，从横向来看，我们可以通过学生心理档案提供的资料来研究某种心理品质的发展水平、影响因素及各种心理品质之间相互作用的机制等。

第二节　教育中的人际关系

——关爱学生的行为艺术

教育是人与人交往的活动，在任何人际交往活动中，和谐人际关系的建立都是交往成功的前提。孩子的人际交往能力很大部分来自校园，要想让孩子有和谐健康的人际交往能力，教师就必须为孩子创造一个和谐健康的校园环境。教育中人际交往的修炼让教师对孩子成长的关爱随处可见。

一、避免伤害的艺术

卡耐基认为，在与别人相处时，应该学会尊重别人，尽量减少对别人的伤害。一个和谐的人际关系的基础是彼此之间互不伤害。

积几十年研究和体验之精华，卡耐基向世人展示了在与人相处时避免伤害的艺术。

卡耐基简述了他与侄女的相处经历。那年，他的侄女约瑟芬·卡耐基离开老家到纽约担任卡耐基的秘书。她那时十九岁，高中毕业已经一年，但做事经验几乎等于零。但几年后，她已是西半球最完美的秘书之一了。

不过，在刚刚开始工作的时候，她的身上还存在许多不足。有一天，卡耐基正想批评她，但他马上对自己说："等一等，戴尔·卡耐基，你的年纪比约瑟芬大了一倍，你的生活经验几乎是她的一万倍。你怎么能希望她有与你一样的观点？还有，你十九岁时又在干什么呢？还记得你那些愚蠢的错误和举动吗？"

在诚实而公正地把这些事情仔细想过一遍之后，卡耐基意识到，约瑟芬十九岁时的行为比他当年好多了，而且他很惭愧地承认，他并没有经常称赞约瑟芬。

我们在生活中都是注重脸面的。因此，一两句体谅的话，对他人的宽容都可以减少对别人的伤害，保住他人的自尊。"让别人乐意去做你所建议的事。"我们用批评的方式，并不能够使别人产生永久的改变，反而常常会引起愤恨。

另一位伟大的心理学家席莱说："我们极希望获得别人的赞扬，同样地，我们也极为害怕别人的指责。"批评所引起的愤恨，常常会降低人的工作效率，减少情感交流，而所指责的状况却没有获得改善。

卡耐基与其侄女的相处经历给我们的启示是：我们不要责怪别人，我们要试着了解他们，我们要试着明白他们为什么会那样做。这比批评更有益处，也更有意义；而这同时也孕育了同情、容忍以及仁慈。"全然了解，就是全然宽恕。"

卡耐基的处世艺术的确很特别。他要求人们先深入到自己的内心，发现自己身上存在的缺点，然后才能指出他人的错误和不足，使别人能心悦诚服地接受。这种处世方法，我们也不妨试试。

二、积极主动面对

个人首创精神对于任何一个人寻求成功都是可贵的，缺乏个人的首创精神，意味着他在一开始行动时就失败了。

发挥你的积极主动精神，坚持为你的朋友做些有益的事，你会惊讶地看到，这些事实际上有利于你自己，别人会为你做许多令你愉快的事情。

保持良好的精神状态，紧紧盯着你的目标，向四周投射出你特有的灵气——这种灵气的形成是通过想象作用或个人魅力的延伸得以实现的，会使你创造奇迹。

越害怕做错事，就越会做错事。做出决策并付诸行动，你的难题就有可能化为乌有——不管你的决策是对还是错。

三、凡语生辉话巧解

在交际对话中，人们往往因语言缺乏风采而留下不少遗憾，其实，要使平淡的语言生辉并不难，巧用解说，便是一种引人入胜的魅力艺术。

某老师在幼儿园工作，一次，一位妈妈带着五岁多的女儿参观幼儿园，准备办理入园手续。老师见小女孩活泼可爱，便不时逗她玩，在交谈中，小女孩突然惊奇地叫起来："阿姨，你颈子上怎么有个疤？"一句天真而又很不合适的问话，使在场的人都感到尴尬，倒是这位老师急中生智，作了巧妙的解答："这不是疤，这是花，这叫'颈'上添花。"一句幽默的解答，不仅使众人摆脱了尴尬的局面，而且活跃了交流的气氛，使师生进入了欢快轻松的佳境。在这里，老师用的便是引喻解说技巧。"疤"和"花"本是互不相干的两种物体，教师在巧妙的牵引变换下，使事物在人们的印象中实现了美的转化，从而创造了"柳暗花明又一村"的胜境。

生活中运用巧解，不仅能点石成金，为你排忧解难，创造神奇的魅力，而且能为你的交际成功锦上添花。

四、记住对方的名字

记住对方的名字，在教育上显得尤为重要，它能为成功地教育学生埋下希望的种子。记住学生的名字，并把它随口说出来，等于给学生一个很巧妙的赞美。而若是把他的名字忘了或写错了，那么对他的教育就会处于非常不利的局面。

拿破仑三世曾说过，即使他日理万机，仍然能够记得每一个他所认识的人的名字。他的技巧非常简单。如果他没有清楚地听到对方的名字，就说："抱歉，我没有听清楚。"如果碰到一个不寻常的名字，他就说："怎么个写法？"在谈话当中，他会把那个人的名字重复说几次，试着在心中把它跟那个人的特征、表情和容貌联想在一起。《教育的55个细节》的作者——美国明星教师克拉克也是这样做的。

爱默生曾说："礼貌是由一些小小的牺牲组成的。"我们应该注意一个名字里所能包含的奇迹，并且要了解名字是完全属于与我们交往的这个人的，没有人能够取代。名字能使人出众，它能使人显得独特。我们所做的要求和我们要传递的信息，只要我们从名字这里着手，就会显得特别重要。

因此，如果你要学生喜欢你，请记住这条规则："一个人的名字，对他来说，是任何语言中最甜蜜、最重要的声音。"

五、学会对学生微笑

一个人的面部表情比穿着更重要。笑容能照亮所有看到它的人，像穿过乌云的阳光带给人们温暖。尤其是一位老师的表情，她的笑，是一种令人心情温暖的微笑，一种发自内心的微笑，比她身上所穿的漂亮衣服更重要。

当你见到别人的时候，如果你也期望他们见到你感到愉快的话，请你微笑，请你现在就开始微笑。

微笑的价值在于它不花费什么，但创造了很多成果。它虽然产生在一刹那之间，但有时给人一种永远的记忆。它在师生间制造了快乐、建立了好感、创造了友谊。它是疲倦者的休息，沮丧者的释然，悲伤者的阳光，也是调节情绪的最佳良药。

因此，如果你要学生喜欢你的话，请你留下一个微笑！

第四章

在读书中提升自我

第一节　漫谈读书的作用

一、严文井谈读书

严文井是我国著名儿童作家，他在谈到自己的读书生活时说："如果一个人有了知识这样一个概念，并且认识了自己知识贫乏的现状，他就可能去寻找、靠近知识。相反，如果他认为自己什么都懂，他就会远离知识，在他自以为是在'前进'的时候，走出倒退的路。"

"当我明白了自己读书非常少的时候，我就产生了强烈的求学愿望。当我知道了世界上书籍数目如何庞大的时候，我又产生了分辨好坏、选择好书的愿望。"

"如果我在思考一个问题，长期得不到解答，我就去向古代的智者和当代的求索者求教，按照一个明显的目的，打开一本又一本书。"

"有的书给我许多启示，有的书令我失望。即使在那些令我失望的书面前，我若感觉有收获，那就是道路没有完毕，还得继续走下去。"

"书籍默不作声，带着神秘的笑容等待着我们。当你打开任何一本书籍的时候，马上就会听见许多声音，美妙的音乐或刺耳的噪声，你可以停留在里面，也可以马上退出来。"

"至于我，即使那本书里有魔鬼在号叫，我也要听一听。这是为了辨别小夜曲、牛虻、苍蝇的嗡嗡、狮吼和魔鬼的歌唱有什么差别。这些差别，也是知识。"

"书籍对所有人都是平等的，即使没有上过任何学校，只要你愿意去求教，它们都不拒绝。"

"我读过一点点书，最初是为了从里面寻找快乐和安慰，后来是为了从里面寻找苦恼和疑问。"

"只要活着，我今后还要读书，这是为了更深地认识我自己和我同辈人知识的贫乏。"

"书籍，在所有动物里面，只有人这种动物才能创造出来。读书，人才更加像人。"

二、教师畅谈读书的乐趣

燃一炷书香，续一份书缘。教师喜欢读书，有的还藏书颇丰。教师们用诙谐的语言，幽默的笔调道出了与书的不解之缘。书并不是灵丹妙药，它是纸上的汇编，但它的发明者不会想到这种精神食粮会引起无数人的垂青。

云南省的刘老师在《读书与人生》中有这样一段话："我之于书虽爱看、常看，但仅把书当作人生的部分。当我孤独寂寞时，一本好书就像是一个善解人意的朋友，悄悄化解我的难耐；当我愁肠百结时，一本好书就如一支利箭，直贯心脏，穿透我坚固的烦闷。"

福建省的罗老师在《与书同行》中说："不知别人怎样，反正我有深深的体验：这就是当公务私事的种种烦恼，像汹涌澎湃的潮水拍打心岸时，只有读书才是唯一的安慰。"

我们每个人，从走进学校甚至更早就同书本打上了交道。毫不夸张地说，书也是我们的老师，这一点对于教师尤其如此，至少他们要手捧教科书传道授业。正如湖北省的戴老师所言："读书、买书、藏书、写书，凝成了我从童年到中年的成长轨迹。"

湖南的李老师更是把书当作生活必不可少的组成部分："读书、教书、著书、评书、编书，对我来说这简直是一种享受。"陕西某学校的王老师在来信中说："读书、教书、写书，这就是我四十年的生命轨迹。我一生没有走出书本，整日与书为伴，在书中漫游，与书结下了不解之缘。"

在寻求知识的行程中，我们逐渐理解了读书对于陶冶性情的作用。在商品大潮的冲击下，我们大部分教师仍忠于职守，一心"扑在圣贤书"上，读书或许跟学习一样，需要平静的心态。三国时期的诸葛亮就谆谆告诫其子"宁静以致远"。武昌某中学的黄老师告诫自己：来年多读一本书，也算不枉青春韶华！青岛市的刘老师说："心境清闲时读书最爽。假若读书也被加上'为了什么'的重载，失去其本身的意义而成为一种手段，那还有什么乐趣可言？"

教师对书的痴迷可见一斑！

对于一本好书，或者是自己所喜爱的书，读者朋友总希望能够收藏一本，教师自然也不例外。目前我国售书的主要渠道和场所就是书店，喜好读书的教师朋友茶余饭后逛书店也给生活增添了不少乐趣。"字里乾坤大，书中日月长。"书对人的影响是巨大的，有时候一本书甚至影响着一个人的人生轨迹。有的教师在来稿中就详尽地叙说了一本书引发的故事；有的还谈及了一本或一些书对自己成长的作用等。有的书被读者奉为"神明"，上海市的沈老师说："《唐诗一百首》陪伴着我度过多梦的中学时代。进大学以后，它又默默地杂陈在寝室的书架之中……"

一本薄薄的书，它可以寄托着人的深情厚意，附带着感人肺腑的亲情。湖南省的谢老师创作了《分一半喜悦给爱妻》，作者讲述了自己从读者成为作家的经历，表示"要分一半喜悦给爱妻，是她大力支持我工作，是她不断激励我前进。"湖南省的王老师喜欢以书会友，自己的学生"每逢回乡都要买些书送我，学生赠的岂止是书，分明是对教师的真情，我倍加珍惜"。

韩愈曾说："师者，所以传道授业解惑也。"我们的老师不仅自己喜欢读书，而且还以不同的方式鼓励、引导自己的学生读书。

湖南省的钟老师"在班内设立图书角，成立阅读、写作小组。引导学生看书，注意观察周围的事物、生活，并把自己的感受写下来，再以自己的创作经验来指导他们作文"。无疑，老师知识面广，讲起课来就会得心应手，学生也期盼着能有更多这样的老师出现。山东省的杜老师读书颇多，"虽学的理科，一堂物理课也能讲得文采飞扬跌宕起伏，使学生思维活跃情绪高涨，学得既生动又轻松，深受学生欢迎"。

三、读书是享受，阅世是磨炼

我们是习惯于沉迷在享受之中的。古往今来，读书作为一种高雅的享受被人们赞叹不已，所谓箪食瓢饮，所谓陋室生春，所谓红袖添香。读书仕进的至高无上地位的确定，引发了多少读书人的自以为是和沾沾自喜，太多的逸事珍闻的迁延流播，给枯燥的读书生活带来了无穷无尽的趣味和诗意。久而久之，热爱读书、尊崇读书、倡导读书，成了我们一代一代继承发扬的文化传统。

然而我们往往忽略阅世。与对读书的推崇备至相比，我们的传统对于实践的意义和作用似乎不怎么喜欢寻根究底。人生阅历不重要，身体力行不重要，经世致用不重要，重要的只是读书、读书、再读书。书斋一旦成了整个世界，读书一旦成了人生的全部内容，许多读书人精神上都患了发育不良症，迂腐偏执的多了，坐而论道的多了，清谈误国的多了，死读书、读死书的书蛀虫、书呆子一代一代衍生不绝，儒林世相总是让我们感到失望和难堪。

比之于读书，阅世其实更为艰难也更为重要。读书固然可以拓宽阅世的眼光，可以增加阅世的体验，可以为阅世打下基础，但阅世毕竟是属于个人的独立行为，生活中各种磨难要自己去经受，心灵的各种痛苦要自己去承担，改造社会的实践要靠自己去身体力行。阅世是一场孤独的人生长旅，一方面要通过读书不断地补充精神营养，另一方面要靠自己的顽强拼搏不断地开拓未来的道路。唯有在艰难的阅世之中，我们每个人的人生才能变得丰厚起来，人类也才能不断地改变自己的生存环境。

四、读书是自我的延伸

读书是延伸自我的永恒方式。人类就个体而言，其所生存的现实时空是非常促狭的。因了拓展生存时空，更多地需要借助精神之翼，展开心灵之旅，以超越现实时空的制约。而读书，则是振起精神之翼，完成种种心灵之旅的根本动力源，是穿越时空隧道的中介和延伸自我的依托。

蛰居一隅，我们都有认识自我以及周边世界的必要和欲求。为此，我们固然可以行，可以悟，可以仿，但根本的一点是我们要有知。这种知识当然主要指的是间接知识，亦即已经载入书籍的精神之粮。缺乏这种知识作基础，我们将行而无效，悟而不得，东施效颦，徒添人间许多笑柄。对于人类发生认识论而言，"神农尝百草"般的行是知之始，是没有错的。但是，对于个体发生认识论而言，这种模式不一定全对，甚至有害。已经知道某种花草有毒，是断然不要再尝的。一代人的聪明与发展取决于能迅速准确地把握人类已经具有的知识，并在此基础上发现或创造新知。因而，说知是行之基，亦非为过。这种知，主要靠读书而来。我们称羡某人博古通今、学富五车，事实上还是讲他博览群书、学问渊博，是说他借着读书，将自我延伸得要比一般人辽远，精神自我要比一般人博大。

古人说："读万卷书，不如行万里路。"其实，未必尽然。对于一个没有相关知识储备的人来说，行万里路也只不过走走罢了。这种人想靠"行"来获得某种认知的升华，只是自欺欺人。自欺倒也无可指责，欺人则是不可饶恕的。对他来说，行程当中外面的景观仅仅是物质的呈现，绝不可能产生相应的文化意蕴。

纵览古今，大凡有成就者无不是自我在纵深方面得到了极大的延伸。这种延伸的中介或依托，简而言之，就是读书——阅读用符号表述的各种现实和思想，充实自己的精神之库，造就自己的智慧之眼，使自己蜗居的时空得到极大的拓展。

20世纪40年代末，美国有位叫戴尔（E Dal）的传播学学者写了一本名为《经验之塔》的书。他认为，知识经验主要来源于做的经验、观察的经验和抽象经验三种渠道。后两者又称为"替代经验"。所谓替代经验，简单言之，就是间接经验，亦即凡是知识经验，都要亲身经历，我们通过照片、电影、电视和语言的描述，一样可以获得相似的结果。事实上，人正是利用替代经验，才使自己的知识经验呈几何级数增加，也正是因为这一点，人与其他动物才有了根本的区别。诚哲卡西尔说："人是创造和使用符号的动物。"比如我们虽然没有到过尼亚加拉大瀑布，但是借着图片和语言文字描述，我们总能获得一种身临其境的感觉，甚至对尼亚加拉大瀑布的地形、地貌、产生原因以及方向和气候特点，还会有更深刻的了解。戴尔将这三种知识经验来源，构结成为一个金字塔般的层次，因而称这个理论为"经验之塔"。在这个塔形中，戴尔将抽象的经验，亦即通过语言文字符号获得的经验，安排在尖塔上，往下依次为观察的经验、做的经验。

解读这个经验之塔，可以有两种思路：一是由下向上，阐释的是人类发生认识过程，即行是知之始；二是由上往下，阐释的是个体发生认识过程即知是行之基。其实，第二种思路对于我们每个人来说更有益处。"知"的缺乏或不足，不仅会导致"行而无效"，而且观察亦会陷入雾里看花的窘状，观不清，察不明。而"知"的累积或素养，主要靠的是读书。不断地读书，知识经验便能获得一种从量变到质变的飞跃，从而使自我得到有意义的延伸。

借着读书，自我便从促狭、渺小、有限迈向辽阔、广大和无限，映显出自我精神发展的广袤无垠。借此，自我迈上开放的发展之路，使自我不断地与外界交流，保持自我的生命活力，免遭封闭的荼毒，免于坐井观天、夜郎自大的局促和悲哀。

借着读书，我们便在瞬间完成了从付出微薄代价到赚取巨大精神利润的"惊险跳跃"。这种跳跃，使我们可以在短时间内获得前人花数年、数十年甚至数代人才明了的知识经验。这无疑延长了我们的生命。这种意义下的读书，是在行使我们与生俱来的"智慧增值"的权利。谁不能利用这种权利给自己的知识或智慧带来几何级数的增长，谁的生命质量将会大打折扣。

借着读书，我们可以将古今中外的智者云集于一室，用一颗虔诚的心将其清供，集聚他们的智慧之光，荡涤我们内心的尘垢和愚昧，获得透明和澄彻。这种读书可以谓之"召集智慧"。

第二节　要善于读书

随着读书潮的兴起，读书的人越来越多，但是，读书要取得良好的效果，还必须善读。何谓善读？这应从两个方面来理解，一是读书要有方向性，二是要讲究读书的方法。

一、读书要有方向性

所谓方向性，就是说读书人要对书有识别和选择。清人陆世仪说："凡读书须识货，方不错用功夫。"意思是应该明确哪些书该读，哪些书不该读。人生苦短，书海无边，有趣有益的书尚且读不完，何必浪费宝贵的时间去读不该读的书呢？"有关家国书常读，无益身心事莫为。"这是徐特立先生的谆谆教诲，值得我们铭记在心。其实，读书要有方向性，中外学者都有共识。记得别林斯基曾经有这样一段精辟的论述："阅读一本不适合自己阅读的书，比不阅读还要坏。我们必须选择最有价值、最适合自己所需要的读物。"不仅如此，还应该有区别地对待不同类型的书。英国哲学家培根说得好："书有可浅尝者，有可吞食者，有可请人代读者，少数则须咀嚼消化。"所以对于不同的书，不能"一视同仁"。

二、讲究读书方法

善读还表现在有好的方法。方法不当，事倍功半；方法得体，事半功倍。当代世界著名通才学者奥本海默曾经说过："对现在和未来来说，方法比事实更重要。"读书方法，多种多样，那么什么样的方法才是好的呢？下面介绍几种名人的读书方法。

（一）"见缝插针"法

毛泽东学习外语非常刻苦，由于他的湖南乡音重，发音不准，有时要练习几十遍甚至上百遍。他工作日理万机，但每天一起床就抽出一个小时来学习，晚上躺在床上还要学习一阵子。接见外宾时，有时用英语和人家对话，他还把英文版《矛盾论》放在身边，有空就学。一次旅途中，他用心学习，一边看，一边查字典，竟忘了吃饭、喝茶。就这样，每天见缝插针读书，到了1950年代他就能看新华社的英文电讯稿了，并能很流利地读一般英文书刊。

（二）"重复阅读"法

明代的张溥，每得一本书，总要亲手抄写下来，读过一遍后烧掉，然后再抄再读，一直坚持至七遍才肯罢休。因此他把自己的书斋取名为"七焚斋"。著名书画家丰子恺先生治学严谨，他读书时，习惯在书籍后面写"读"字，每复习一遍就记上一笔。繁体字"读"共有22笔，他要读完22遍，把"读"字写完整，才算把这本书读过了。

（三）"竭泽而渔"法

我国思想史专家，复旦大学蔡尚思教授，在1930年代，到南京国学图书馆，声称要读完馆藏的历史文集，于是他天天埋头苦读，一年时间竟奇迹般地读完了数万卷文集，把南京国学图书馆这方面的"泽"真的掏干了。同时，他也捉到了大量的"鱼"，1930年代末，他就写成了一部高水平的《中国思想研究法》。

（四）"朗读记忆"法

英国哲学家培根说："所有的知识不过就是记忆罢了。"而朗读有助于记忆。朗读使人整个身心进入"临战"状态。希腊著名的考古学家舒里曼，是有名的语言大师，他读书的方法就是朗读，把一篇文章翻来覆去地在夜深人静的时候朗读，他因此曾多次被人从公寓里赶出去。但他运用这种方法，每三个月就学会了一门外语。

（五）"日积月累"法

徐特立先生学《说文》（《说文解字》）的部首，共540字，每天只读两个字，一年才读完。他教学生学《说文》部首，要求他们每天只记一个字，两年才能学完。徐老43岁才开始学外文，也是采用这种方法，每天学一个生字，一年学365个，后来终于学会了法文、德文和俄文。他说：我读书的方法总是以"定量""有恒"为主。不切实际地贪多，既不能理解又不能记忆。要理解，必须"经常""定量"才行。

此外，还有许许多多的中外名人都有一整套适合自己的读书方法，如朱熹、顾炎武等人的读书方法。当然，这些方法因人因书而异，不可一概而论或机械照搬。

三、读书的三个基本方法

不管是多么好的读书方法，都基于以下三种基本方法：

（一）耐心精读法

古人说："读书切戒在慌忙，涵泳工夫兴味长。"又说："读书之法，舒缓详尽。"英国学者麦考莱也说："把一页书好好地消化，胜过匆忙地阅读过一本书。"这些论述都说明了一个道理：读书须耐心精读。

（二）善思敢疑法

孔老夫子说："学而不思则罔。"孟子也说："尽信书不如无书。"两位古代教育家一位强调"思"，一位强调"疑"，可见"思"和"疑"之重要。明人陈献章说："学贵有疑，小疑则小进，大疑则大进。疑者，觉悟之机也。一番觉悟，一番长进。"英人波尔克又说："读书不思考，等于吃饭不消化。"这些精辟的论述都说明善思敢疑是读书的重要法宝。

（三）能入能出法

宋人陈善说："读书须知出入法，始当求所以入，终当求所以出。见得亲切，此是入书法；用得透脱，此是出书法。盖不能入得书，则不知古人用心处；不能出得书，则又死在言下。惟知出知入，得尽读书之法也。"这段警语道出了读书得法的真谛。

总之，读书既要有方向性，又要讲究方法，这样，我们才能学会善于读书。

第三节　读书要讲究方法

书是人类的朋友，几乎任何人都要读书。同是读书，收获却迥然不同。有的人读书的收获很大，有的人读书的收获甚微。读书有什么秘诀吗？如果说有的话，就是要讲究读书方法。

其实，做任何事情都要讲究方法。做思想工作，有思想工作方法；搞科学研究工作，有科研方法；搞领导工作，有领导工作方法；搞企业管理，有企业管理方法；读书当然不能例外，要讲究读书方法。

为了说明这个问题，我们不妨举出两个例子。

例子之一，我国三十个省市编成的一首七言诗：

两湖两广两河山，

五江云贵福吉安，

四西二宁青甘陕，

还有内台北上天。

第一句指：湖南、湖北、广东、广西、河北、河南、山东、山西。

第二句指：新疆（江）、黑龙江、浙江、江苏、江西、云南、贵州、福建、吉林、安徽。

第三句指：四川、西藏、宁夏、辽宁、青海、甘肃、陕西。

第四句指：内蒙古、台湾、北京、上海、天津。

有些青年人，地理知识少，记不清我国省市的名称，出了使人脸红的笑话。有了这首诗，情形就不同了。因为它朗朗上口，读上几遍，就印到脑海里了。

例子之二，我国历史悠久，朝代变化甚繁，有人把我国历史朝代的顺序编成了一首打油诗：

唐尧虞舜夏商周，

春秋战国乱悠悠。

秦汉三国晋统一，

南朝北朝是对头。

隋唐五代又十国，

宋元明清帝王休。

对于我国历史无知，搞不清朝代的变化，难免会出现相声里讽刺的"关公战秦琼"的笑话。搞清朝代变化，也不那么容易，有了这首打油诗，情况就不同了，只要把这诗句背熟了，朝代变化的梗概也就记住了。

这两个例子说明一个问题：在读书方面，讲究方法还是不讲究方法，其效果是相异的。因此，有成就的大学问家，都有自己的读书方法。

被称为"医中之圣"的科学家李时珍，他的读书方法是广收博采，不拘泥于书本知识，很注意与实际结合。李时珍读书时发现，诸家说法不一，相互矛盾之处甚多。他决定"采其精华""正其谬误"，使之"是非有归"。他在撰写《本草纲目》的几十年间，读了八百多种医书，收集了大量单方、验方。他为了达到"是非有归"的目的，翻千重山，奔万里路，亲尝百药，向有实践经验的铃医、药夫、樵夫、渔夫等人请教，对有些药物还亲手栽培、炮炙、炼制，最后写出了不朽的著作。

朱熹的读书方法可以概括为六句话，二十四个字，即"循序渐进、熟读精思、虚心涵泳、切己体察、著紧用力、居敬持志"。朱熹认为读书和登山有相似之处，要一步一步来，他说："譬如登山，人多要至高处，不知自低处不理会，终无至高处之理。"（《朱子语类》卷八）他说，读书要精思，就是要"看得是了，未可便说道是，更须反复玩味。"（《朱子语类》卷十）。

鲁迅先生有读书五法。一曰"多翻法"。他说："书在手头，不管它是什么，总要拿来翻一下，或者看一遍序目，或者读几页内容。"二曰"跳读法"。鲁迅认为"若是碰到疑问而只看那个地方，那么无论到多久都不会懂。所以跳过去，再向前进，于是连以前的地方都明白了"。三曰"设问法"。读书提出问题——是什么？为什么？怎么样？然后带着问题再细读全书。四曰"五到"法。即心到、口到、眼到、手到、脑到，五曰"立体法"。他说："倘要看文艺作品呢，则先看几种各家的选本，从中觉得谁的作品最爱看，然后再看这一个作者的专集，然后再从文学史上看看他在历史上的位置；倘要知道得更详细，就看一两本这个人的传记，那便可以大略了解了。"

既然学习方法如此重要，有成就的人都有自己的学习方法，那么，有没有统一的学习方法呢？回答是又有又没有。

所谓有，因为读书学习有自己的规律性，有统一的读书方法，只要按这种方法去读书，是会有显著成效的。

为什么又说没有呢？因为每个人的具体情况不一样，知识基础不同，文化水平有差异，别人适用的学习方法，搬过来对自己未必有用。

这就告诉我们，一方面要学习成功的读书方法，另一方面要结合自己的实际情况创立适合自己的读书方法。

第四节　怎样做读书笔记

读书时需要写读书笔记，读书笔记是帮助我们深入读书的方法之一。俗话说：好记性不如烂笔头。一个人的记忆力再好，也不如笔记得准确、牢靠。这是从加强记忆的角度而言的。做读书笔记更重要的好处是有助于我们理解内容，研究问题。

做读书笔记有个方法问题。做读书笔记的方法很多：有人用这种方法，收效大；有人用那种方法，收效大；有人兼用几种方法。现在介绍几种做读书笔记的方法，供大家参考。

一、抄书法

这个方法就是抄录原书。中外学者中有许多人都有抄书的习惯，而且从抄书中获益不少。关于抄书的好处，作家姚雪垠是这样说的："我的经验是抄录原书。为什么这样做呢？因为我们对原书的理解，随着年龄的增长和读书的增多会有变化。原来你摘录的大意未必正确，只有你把原书原句子照抄下来，过若干年以后你的认识发展了，再去看会发现新的意义，获得更为正确的理解。"

当然，抄书也并非十全十美：费时太多，不易做到。

二、摘录法

它与抄书法十分相似，但又有所不同。它们的根本区别就是抄书法抄得多，摘录法只摘录少部分。摘录法是在读书的过程中，发现某一段文字表达了精湛的思想，有独到的见解，或者有很强的感染力，便把它摘录下来。这种方法能抓住文中的精华，便于今后翻阅，反复学习。这种方法做起来并不难，就是容易使人犯同用抄书法时一样的毛病——不动脑筋，照葫芦画瓢，不分主次。这样，就很难收到应有的效果。

三、摘要法

它与摘录法有相同之处，即都要摘抄，但也有相异之点，即摘要法突出一个"要"字。也就是说，如果说摘录法可以把整段文字摘抄下来，那么摘要法则只能摘抄其中最重要的部分。这就要求我们在读书的时候，找出最重要之点，简明而扼要地摘抄下来。

四、提要法

读完一本书，提炼出最重要的论点、论据，用自己的话，简短而明了地写出来这就是提要法。写出提要不是一件很简单的事情，只有把握了全书内容，才能知道哪里是主要的，哪里是次要的，然后进行分析综合，写出提要。提要难写，但用处较大。它既是对全书的消化过程，也是研究过程。所以，一篇好的提要，对我们掌握全书内容有很大帮助。

五、批注法

在读书的过程中，大脑会积极活动。为此，我们可随时把自己提出的问题，或是闪光的思想火花，以批注的形式写在文字的旁边或书眉等位置。批注多了，就会形成自己的观点。这不但有利于加深对书的内容的理解，也有助于研究问题。

在我国历史上，金圣叹评点《水浒传》、张竹坡评点《金瓶梅》、脂砚斋评点《红楼梦》等都为后人研究中国古典小说做出了重要贡献，它们也是我们采用"批注法"时应该学习的范本。

六、写读后感法

这个方法就是把自己读书时的感想、认识与观点（与书中观点相同的或相异的）书写出来。读后感，顾名思义要在"感"字上做文章，要有感而发，不能无感却硬写或强行拼凑字数。所以，有人写完读后感后有很大的收获，有人则没有收获，其根本原因就在于有感还是无感。

对以上提出的几种做读书笔记的方法，我们可以穿插使用，也可以只选用其中一种或几种。这就好比十八般武器，用哪种合适就用哪种，要因人因地而异。

第五节　读书与动笔

一、为什么读书要动笔

梅兰芳的京剧表演达到了炉火纯青的地步：唱、念、坐、打都有很高的艺术修养。即使这样，许多人也还是可以指出他的不足。如果让这些批评者登台表演，也许连台都登不得。在排球场上，郎平的大力扣杀是相当有威力的，不然，不会有"铁榔头"的美称。即使如此，许多观众也还是可以对他的扣杀提出批评意见。如果让这些批评者上一下排球场，或许一个球也接不住。鲁迅的杂文不论在思想、艺术还是语言，每一方面都是我们学习的榜样。尽管如此，有些人还可以挑出毛病。如果让这些挑毛病的人写一篇杂文，对不住，也许连路都对不上呢。这些现象告诉我们，"眼高手低"的情况是普遍存在的。所谓"眼高"，就是鉴赏力高；所谓"手低"，就是自己动手做的能力低。"眼高"，没有什么不好；"手低"，就差点儿劲儿了。

我们这样说，绝不是认为"手低"的人不应该"眼高"，也不是说不会京剧表演的人不能评论京剧表演，不会打排球的人不能评论排球健将，而是通过人人知晓的例子来主张"眼高"的人最好手也高起来，从而实现鉴赏和动手的统一。怎样实现这种统一呢？就读书方面来说，最好是既读书又动笔。

有这样一首诗：

读书和动笔，

两者成一体。

多读笔生花，

多动读入里。

劝君读和动，

坚持莫停息。

这首诗算不上是好诗，却道出了一个道理：读书必须动笔。为什么读书需要与动笔相结合呢？

（一）动笔能加深我们对书的理解

书中的一些道理，有的一读便懂；有的却不然，只有反复琢磨后才会有深刻透彻的理解。在这种情况之下，就需要反复读，反复思考，反复理解。有的人在反复读书的过程中感到厌烦，不愿再重复读了，这时有一个最好的办法——动笔。

动笔可以是抄书，可以是写心得体会，也可以是用最精炼的语言概括出所学的内容，还可以是自己写一段论述。动笔与不动笔，虽然只有一字之差，深入程度却迥然不同：动笔之前，不会感到有什么问题。稍一动笔，问题就来了——"这个道理是不是能站得住？""这样下断语是不是准确？"经过这样的思考，对内容的理解就深入多了。

（二）动笔能帮助我们提高写作水平

提高写作水平是许多人读书的目的之一。学过游泳的人都知道，一个人对游泳理论懂得再透彻，如果从不下水，他的游泳水平也是无法提高的。写作也是如此。不管读了多少文章写作之类的书，也不管写作知识讲得多么头头是道，如果永远不动笔，都不会写出好文章来。所以，搞文字工作的人，历来有"练笔就是练基本功"之说。因此，练笔是提高写作水平的必由之路。但是，自己如果只是闷头练，写作水平就会受到限制。如果边读边练（即把读书与动笔结合起来），那么情况就完全不同了，写作水平的提高就快得多了。有一位教师说，当他看到一段文字能感动人的时候，当他看到一个章节的论述特别透彻的时候，他便把书合上，自己写一写。他一写就看出差距了：自己写的不是不能打动人心，就是说理不透。于是，他再回头重读别人的好文章。这样做对文章的理解，对写作水平的提高，都有极大的帮助。

（三）动笔能帮助我们积累资料

《燕山夜话》的作者邓拓同志博学多才。他平时读书时便准备一个本子，遇到好的句子，便随时动手记下来。他说，过去农民出门，总随手带粪筐，这成为习惯。积累资料时我们也应该有农民积肥的劲头儿：捡的范围要宽，只要是有用的，不管它是"牛粪"还是"人粪"一律捡回来，让它成为有用的肥料。所以，动手写是积累资料的一个重要方法。

（四）动笔能帮助我们记忆

读过的书我们不一定能记住，经过动笔之后，便记牢得多了。在众多的记忆方法之中，动笔帮助记忆是人们公认的。古往今来的大学问家，都有动笔抄书的习惯，如：我国有个文学家叫张溥，他读书时不仅要反复诵读，还要一字一字地抄录。他每读一篇文章，总先抄录，后诵读，最后烧掉，随后又重抄一遍，再诵读，再烧掉，如此反复七次，结果就把书记熟了，背牢了。因为他抄录七遍，焚烧七次，因此他的书房名叫"七焚斋"（或"七录斋"）。

二、动笔的三个阶段

读书，除了开口诵读，还要动笔。对动笔过程从易到难，一般可以划分为三个阶段。

（一）标注和批注

有重要段句，要圈圈、点点、画画，做做记号，以便记读；有评点之处，要写写眉批、旁注，让思考的星星之火点燃书中智慧的火焰，让点点滴滴的见解汇成自学知识的海洋；有佳句警句，要随时拮页，从中掌握高深的哲理，精妙的语言，科学的结晶，文化的精华，并引以警醒，作为鞭策；有精辟论述或精彩描写，要勤于摘录，还要写一点自己的看法，帮助消化。

（二）写出自己的读书收获

1. 写感想：联系自己的专业、学习、研究实际来写，要求理解深刻与透彻，可以就书文的整个概貌来写，也可以就某一章节的部分内容来写，或写成整篇文章，或写成随感录式的片断。

2. 写提要：读到比较艰深的书文，为了熟悉、掌握内容，帮助记忆，在抓重点、难点、疑点的基础上写一篇详细的内容提要，这种有目的的"写一遍"的作用要比重读一遍深刻得多。

3. 写综述：读的书多了，往往会发现有几本（篇）书文内容相近或相似，或谈论的角度不同，或观点相反，为了很好地分析、比较、掌握尽量多的知识，就要写综述，把这些书文放在一起，加以研究，写出自己的见解。

4. 写补充：在读书的过程中，有时会发现某一本（篇）书文，内容有所缺漏，观点失之偏颇。为了使原来的内容得到充实，观点得到完善，就要写补充，即围绕书文中所论述的内容来阐明、引申、发挥：可先概述原书文内容，再指出其不足之处，最后写出自己的补充意见。

（三）做资料卡片

做资料卡片，就是要建立一个"知识仓库"。读书，是为了占有知识，占有知识总是多多益善的，就像"韩信点兵"一样。但书读多了，知识丰富了，你的头脑装得了吗？要是随读随忘随丢，那该有多可惜！所以，每读一书一文，都要撷取那么一条两条，十条八条，摘录下来。每条写在一张卡片上，如此日积月累，集腋成裘，你的卡片仓库就能汇成知识的海洋，你也会成为知识的富者，读书的强者。

根据大学问家的经验，做资料卡片有三个步骤：

第一，摘抄。首先，对每一条知识资料要加上标题，指出这条资料属于哪类性质的知识范围；其次，所摘抄的每条知识的内容应该是最富本质特征和最能说明关键性问题的资料；最后，要注明资料的（篇）名、作者、出版社或报刊名称、日期等来源、出处。

第二，分类。要依照知识的类别，及时整理归类。知识之间有纵的联系，有横的联系，有"母子"关系，有"兄弟"关系。为此要分门别类，归档入库，经常翻阅、温习，反复检阅、熟悉。

第三，使用。让知识卡片发挥作用，为你所用。这是"用书"的高潮。当你把这些知识资料与你的研究实践结合在一起，知识得到新的飞跃，觉得有东西要写时，你就要动用你的卡片仓库，拿出你的知识库存，让这些被你分了类、排了队的知识卡片，秩序井然地出动，来到你的笔下，忠实地为你的研究实践效劳。

动笔，是为了收获知识、储存知识，以备有朝一日使用，这就是"养兵千日，用在一朝"。

第六节　掌握多种读书方法

一、朗读

朗读，就是阅读者将文章或其他书面材料清晰响亮地读出来。它是一种读书方式。声情并茂地朗读可以帮助我们深入理解作品的内涵，体会作品的感情，进入作品的艺术境界之中，并受到潜移默化的教育；经常朗读语言优美的作品，还可以丰富语汇，熟悉句型，培养我们的语言表达能力和反应能力。学习诗歌、散文、戏剧、小说等作品，都可以采用朗读的方式。

朗读时要注意以下几个方面：

1. 发音正确，吐字清晰，声音响亮

要按照标准语音的声、韵、调读准字音。声母要读得坚实有力，韵母要读得响亮完整，声调要清晰，口齿要清楚，声音要响亮。

2. 语气连贯、流畅

朗读时不能一个字一个字地读，应该将看到的文字迅速地、准确地转换成有声的语言；同时，眼睛还应看到后面的文字，照顾上下文，按照文章的意思连贯而流畅地朗读。这样，基本可做到不丢字，不增字，不重复，不颠倒，不读破句子。

3. 掌握重音、停顿，讲究语气、语调

朗读和"念读"不同："念读"是大声地念，只要求发音准确，字句不错；朗读要运用语言技巧，再创书面语言中的艺术形象，表现其思想感情。因此，朗读时要掌握重音、停顿，讲究语气、语调。

语句重音一般分为语法重音和逻辑重音。语法重音是指根据语法结构的特点而将句子的某些部分重读，如：短句中的谓语，句子中的定语、状语和补语等。逻辑重音是为了突出某个意思或引起别人的注意而强调重读的某些词语。如：《驿路梨花》中当"我"和老余误认为瑶族老人是小屋的主人时，瑶族老人笑着说了一句话："我不是主人，也是过路人呢！"在这样一个特定的语境中，"不是"应该是这句话要强调的逻辑重音，朗读时要重读。所以，朗读作品时我们要深入理解作品的内涵和作者的思想感情，准确把握每一句话的逻辑重音。

停顿的主要目的是清楚而准确地表达语意，朗读时停顿时间的长短一般可根据标点符号来确定，有时还要根据内容表达的需要来确定。在没有标点符号的地方有时也要停顿，这时应主要根据句子的结构和意义来确定。如："他们的胸怀/是那样的/美丽和宽广！（《谁是最可爱的人》）"朗读这一句时应停顿两次，用以强调"胸怀"的"美丽和宽广"。在朗读诗歌时，不但要注意停顿，还要注意节拍，节拍之间要作短暂的停顿或字音的延长。如："与君/离别/意，同是/宦游/人。（《杜少府之任蜀州》）""两岸/青山/相对/出，孤帆/一片/日边/来。（《望天门山》）""明月/几时/有？把酒/问/青天。（《水调歌头》）"

语调是指声音的高低、快慢、强弱的不同变化，也就是声音的抑扬顿挫。语调分为升、降、平、曲四种。一般来说，反问、疑问、惊异、号召等语气用升调，肯定、感叹、请求等语气用降调，严肃、冷淡等语气用平调，含蓄、讽刺、意在言外等语气用曲调。如："李先生究竟犯了什么罪，竟遭此毒手？（《最后一次讲演》）"这个疑问句要用升调朗读。"总理呵，我们的好总理！（《周总理，你在哪里》）"是感叹句，末尾用降调。"天门中断楚江开（《望天门山》）"是个陈述句，宜用叙述语气，而且句末的"开"字是韵脚，音要延长，可以用平调朗读。"只识弯弓射大雕（《沁园春·雪》）"一句语的气近于嘲讽，要用曲调朗读。语调的变化比较复杂，不能生搬硬套。同样的一句话，语调不同，表示的语气就不同，所表达的感情也不一样。如："你好"这一句如果用曲调念就表示反语，要是末尾稍降就表示问候，朗读时要注意准确把握。

106

4. 理解思想内容，把握感情倾向，恰当处理感情

朗读要有感情，尽可能做到声情并茂。只有深入分析文章的思想内容，领会作者的写作意图，把握文章的感情倾向，才能正确表达每一句、每一段以至全篇的思想感情，并且在声音、语气中自然地流露出来。当然，朗读时感情的流露要自然、朴素，尽可能将思想感情和语言技巧统一起来。必要时，还应运用恰当的表情、姿态、手势等体态语言，把文章的"情""意"更好地表达出来。

5. 要注意各种文体的不同特点，读出不同的风格

不同的文体有不同的特点，朗读时的要求也不一样：记叙文要读得语调平缓，节奏一般；散文要读出贯通全篇的气势，让人感到散而不乱，松而不断，浑然一体；议论文的朗读，要将论点强调出来，层次显示出来，语调、语势适度，充分体现以理服人；诗歌则要读出感情，读出应有的韵律和节奏。

二、默读

默读是一种不出声的阅读方式。默读的速度比朗读快，理解文意的效果好，在工作和学习中最为常用。默读时由眼睛对文字符号的感知刺激大脑，引起思维活动，从而使默读者理解文章的意义。这中间省略了朗读时必须进行的唇、舌、喉等的活动，因而速度比朗读要快得多。默读时人们的注意力不是集中在字形、字音上而是集中在领会所阅读的材料的内容，即集中在对词、句的意义的理解上，所以默读时理解文意的效果特别好。

默读训练要注意以下几个方面：

1. 默读时不出声，嘴唇、喉头不动，也不心读

默读要求不发出声音，读出声则不叫默读。有的同学虽然嘴里不发出声音，但在心里默默地一个字一个字地读，或者无声地动动嘴唇、喉头，有时声带也有略微的颤动。实际上这仍然是在朗读，其阅读过程仍然是由看到的文字到读出一个个的字，然后再转化为大脑的思维活动。默读时一定要避免以上这些现象的发生。

2. 默读时视线移动不停顿，不指读

默读的速度与眼停次数、回视次数成反比，视觉器官对阅读材料是

逐字逐句扫描的，眼停次数越多，回视次数越多，默读速度就越慢。因此，我们要逐步减少眼停次数和回视次数，努力扩大视觉幅度，增大识别间距，提高默读速度。指读，是用手指着文字阅读，实际上还是停留在一个字一个字的阅读的层次上：阅读者往往把注意力放在对字的辨认和理解上，对词义、句子的理解还来不及协同进行。所以，阅读效果是不好的。训练默读时要用眼睛扫视，把整句、整行的文字符号作为整体加以理解。

3. 把注意力放在对词、句子的意义的理解上，提高默读的理解率

默读时不要去注意字音、字形，而要把注意力集中在理解阅读材料的内容上，以了解意义为重点，提高阅读效率，在提高默读速度的同时更要注意提高默读的理解率。

三、听读

听读是借助于有声语言来进行阅读的一种方式。听读与其他阅读方式不同的是，它所"读的是'声音的书'（叶圣陶语）"。上课时听老师朗读课文与平时收听广播、听讲演、听人说话等，都属于这种阅读方法的范畴。听读是人们获取知识的重要方法之一，经常训练可以培养我们的注意力、思考力、辨别力和记忆力等基本能力。由于声音具有转瞬即逝的特点，听读训练还可以训练我们思维的敏捷性，提高我们的反应能力。

听读要注意以下几点：

1. 要集中注意力

听读之前要排除杂念和外界的干扰，注意力高度集中。这是听清楚、听准确、听明白的前提，因为听读不同于其他的阅读：有些材料在不理解的地方允许停留或反复，直到弄懂；声音具有时空性的特点，过去以后就不会回来，所以听读的时候，注意力稍不集中就会影响效果。

2. 要能快速而准确地捕捉要点，对关键语句有敏锐的反应能力

听读的时候我们不能仅仅满足于了解所听语言的内容，更重要的是要对其内容进行品评，理解其中的意思。所以，听读过程中要积极思考，边听边想，善于捕捉一些关键语句，筛选、判断出有价值的信息，形成自己的认识，或从关键语句的表面含义中探求言外之意。

3．要边听边记，加强记忆

为便于理解和记忆所听内容，听读时可借助笔记等方法，边听边记，以提高听读效果。记录的方法主要有三种：①将所听内容的要点、关键语句记录下来；②对所听的内容，经过自己的消化、理解，做较为详细的记录；③将一些听不明白的问题记下来，供以后钻研解决。边听边记，既能始终保持注意力的稳定性，又能促进大脑的思维，加深对所听内容的理解和记忆，还有助于提高分析能力、概括能力和语言的理解及运用能力。

4．根据不同文体的特点，学会听读的方法

听读记叙性文章时，首先要听清楚记叙的要素，弄清它们之间的联系，进而厘清文章的思路，借助想象再现文中的生活图景和人物形象。如：听老师朗读《变色龙》时，我们要弄清楚奥楚蔑洛夫、赫留金、厨师等人物之间的关系，听清楚奥楚蔑洛夫先后五次变化是围绕什么变的，变化的原因是什么，并弄清事件发生的时间、地点等，边听边展开想象，把握人物的性格特点。

听读说明性文章时，要听明白所说明的对象，把握被说明事物的特征或对那些以阐述事理为主的说明文则要弄清其中的因果联系。如：听读《死海不死》这篇文章，要弄清死海不死的原因，理解了这一内容就抓住了事物的特征。还要厘清文章的说明顺序，要注意抓下定义的句子，体会文中所举的例子，等等。

听读议论性文章时，要领会作者对所论述问题的见解和主张，听清楚作者为证明自己的观点而陈述的理由。

听广播、讲演、报告等时，主要应听清楚关键语句和要点，理解所听内容的中心思想。如：听新闻时听清楚导语的内容就能听清楚中心思想；听讲演、听报告时则要注意听清楚讲演者、报告人的发言提纲，即注意各层次的开头语句，发言人表示自己观点或主张的句子，发言人反复强调的语句，等等。

四、背诵

背诵是积累词汇、训练语感、学习语言的重要读书方法。阅读一些文质兼美的诗文时可采用这种读书方法。

背诵的方法一般有下面几种：

1. 对文字数量少、难度小、意义联系紧凑的材料，可集中背诵。如：背诵诗词或一些短小的文章时，可集中时间反复朗读，直至背诵出来。

2. 对文字数量多、难度小的材料，可采用分段背诵的方法，即把材料分成几个段落，分别背诵，最后背诵整篇材料。

3. 对文字数量多、有相当难度的材料，可采用渐进背诵的方法，即先背一段，再背一段，然后把这两段串起来背，之后再往下进行，直到整篇材料能背出来。这种方法比较适用于背诵较长的文章。

背诵要注意以下两点：

1. 要在理解文意的基础上背诵

理解记忆比机械记忆的效果要好得多，所以除了读音和某些字形要强记外，其他方面都要尽量避免死记。如：背诵文言文时就必须先理解文章中每一句话的意思，厘清文章的层次，在这个基础上再背诵，效果就好得多，否则事倍而功半。

2. 及时复习，不断巩固

心理学的研究成果告诉我们，一般新吸收的知识最容易被遗忘是在头三天，所以必须及时复习，不断温习，使背诵的文章不致遗忘。另外，背诵一定要达到滚瓜烂熟的地步，即不假思索，一气贯通全篇，否则遗忘的速度更快。

五、略读

略读是迅速地浏览阅读材料，提纲挈领地了解阅读材料基本内容的一种读书方式。它可以运用于各类书籍的广泛阅读，从而积累知识。在目前各类书籍、报纸、杂志浩如烟海的情况下，采用这种读书方式博览群书、广收信息是很有好处的。

略读可以看标题、目录、内容提要、文章中的小标题、段首句以及结束部分的概述等，如：课外阅读报纸时就可以浏览一下报纸各版的大小标题和新闻的导语。这样，对报纸内容就有了一个大体的了解。然后，根据需要和兴趣，选择一些文章阅读。又如，略读长篇作品时可以先读序目（包括该书的前言、内容提要、目录等），了解该书的主要内容和框架，从而获得对全书的初步印象，为进一步的阅读打下基础。

略读可以对所读材料进行"一目十行"的阅读，使阅读者了解该材料的大概内容；也可以不做逐字逐句、一行一行的横行阅读，而是将视线放在每行文字的中间做垂直移动，一次能看清每行十个字左右的文字群，这样上下扫视就能迅速了解文章的大意，及时捕捉到有用的信息；还可以以视幅十个字左右的间距做"S"形上下左右移动，快速扫视阅读材料，对一页的内容做整体理解。

略读要注意以下几点：

1. 略读要注意对文章的整体概貌的把握，不必在某一个具体段落，或具体字、句上花费较多精力。如：陶渊明所说的"好读书，不求甚解""观其大略"而博览群书。

2. 略读不等于马马虎虎地读，因此，略读也要认认真真，只有注意力高度集中才能观其大意，通览全篇。

3. 略读应在默读、精读的基础上进行，因为略读是阅读技能熟练的表现。

此外，略读不同类型的文章的要求也不一样。如：读记叙类文章，一般了解人物、事件和中心意思；读议论类文章，要抓住文章的主要观点和论据；读说明类文章，主要弄清所说明事物的特征或所阐述的事理。掌握了这些要求，略读的效果会更好些。

六、精读

精读是对阅读材料作全面、细致、深入的分析和揣摩的一种读书方式。精读是理解、鉴赏文章的重要步骤，它讲究细嚼慢咽，追求理解透彻，强调各种感官的积极活动，要做到"眼到、心到、口到、手到"。

精读可以从以下几个方面入手：

1. 整体感知与局部揣摩

整体感知是对文章的总体把握。阅读一篇文章时首先要从整体上把握作者的思路、文章的主要内容、全文的主旨及写作风格和特色，获得一个总的印象；还要抓住文中一些最关键的文字（如标题、开头、结尾），抓住文中的重要段落以及某些段落的中心语句等。然后，以这个总的印象为出发点去分层次、分段落地细读，揣摩作者立意构思的匠心，品味作者遣词造句的妙处，再把各个片断联系起来，从而对文章有一个新的理解。好的文章只读一两遍是品不出味儿的，要反复吟咏、细细揣摩，才能领略其中的滋味。阅读朱自清的散文《背影》时，第一遍厘清线索，把握中心，体会文中所表现出来的那种父亲对儿子至亲至爱的感情。接着，再读文章，重点抓住第六段中对父亲过铁道时的背影的描写和父亲的动作、语言的描写，细细揣摩、分析父子相爱相怜的真挚感情和这种感情产生的原因，品味文章既朴实又饱含深情的语言，理解关键语句的含义，体会用词造句的妙处。最后，再将这些点连成一个整体。这样，我们便对课文有了一个比较完整的印象和比较深刻的认识。

2. 设疑与解疑

阅读过程中我们常常会发现一些问题，有时还会遇到一些困难，这并不是坏事。发现问题，提出问题，往往比解决问题更重要，因为你已经经过了一个初步的分析思考过程，提出的问题又使随后的细读更有目的性。这时候你就可以带着这些问题去阅读，去揣摩。阅读时如果还有别的问题，可以再提出来。这样一遍一遍地细细咀嚼，逐步解决问题，直至读通文章。提出的问题越深入，在阅读中解决得越彻底，对阅读材料的理解也就越深刻。这个过程就是提高自己独立思考、解决问题的能力的过程。如：我们读马克·吐温的《竞选州长》，首先会对小说中大量的引文感兴趣。有的同学就会提出疑问，作者为什么要用那么多的引文呢？能提出这一问题，说明你已经初步读懂了这篇小说。如果你能带着这个问题再读小说，逐一分析这些引文的作用，体会作者这样安排材料的匠心，那么你就基本上掌握了这篇小说深刻的内涵和独特的写法。

3. 分析与综合

精读必须使用分析与综合的方法。

我们阅读一篇文章时，要对文章的内容、结构、语言等因素加以思考，找出各自的特点和它们之间的联系，这便是分析。如：读《荔枝蜜》这篇文章时，你能说出作者是怎样由蜜蜂联想到农民，进而赞颂劳动人民的就算完成了对本文主旨的分析过程。分析的方法主要有纵向分析法、横向分析法、纵横交错分析法、比较分析法等。例如，我们对文章结构层次的分析一般用纵向分析法；对其中一个部分或文中某一重点语段的分析主要用横向分析法；对人物性格的分析可以用纵横交错的分析方法，既看到人物性格的形成和发展的过程，又注意分析人物在特定环境中性格的展现；如果将一个单元的文章放在整体中阅读，就应该用比较分析的方法，找出它们的相同点和不同点，以求得对一般规律的掌握。

综合是指在分析的基础上，将文章的各个部分、各种因素联系起来，以获得对文章的整体的、本质的认识。综合也有纵向、横向、纵横交错和比较等方法。所不同的是，综合的思维方向与分析的思维方向正好相反：前者抽象，后者具体。例如，我们学习《谁是最可爱的人》一文时具体分析了"松骨峰战斗""马玉祥救小孩""作者与战士谈话"这三个场面之后，用简要的语言分别概括这三个事例各自表现出来的志愿军战士的崇高品质和伟大精神，这就是横向的综合方法。如果将文章中这三个场面联系起来，进而归纳出文章的中心思想，这就是纵向的综合方法。要注意的是，阅读过程中分析和综合的方法常常是结合起来使用的。

精读要注意下面两点：

1. 精读不等于面面俱到、一字不漏地仔细揣摩，认真分析。精读也要突出重点，要根据不同的阅读要求，合理安排好阅读的重点。

2. 精读过程中使用哪种分析或综合的方法，要根据阅读的目标和文章的特点来选定。同时，还要注意各种方法常常是结合起来使用的。

第五章

修炼教师专业素质

第一节　教师专业与教师专业化

一、职业与专业

无论是从概念还是从发展历程来看职业与专业都是既有联系又有区别的。教师职业作为一种专业，其影响广泛而深远。教师专业及专业化是关系到教师教育乃至社会发展的重大问题，是为了实现教育现代化而迫切需要解决的问题。

作为社会学的一个分支学科，专业社会学在西方国家已经有半个世纪的发展历史，"专业""专业人员""专业性""专业化"等是其核心概念和术语。"专业社会学"这一提法在国内有关学术文献中出现的次数不多，相关研究也很少。然而，和在其他国家一样，专业实践在中国也是由来已久，只是我们没有系统化地对其加以理论总结而已。

（一）职业

在现实生活中，劳动者总是要在一定的职业岗位上实现就业，所以职业所反映的就是不同的劳动者从事着不同种类的社会劳动并承担着相应的职责。"所谓教师职业"，是指教育工作者以"教书育人"为己任，以讲台为阵地，从事着传播科学文化知识，培养下一代具有良好思想品质和行为规范等的辛勤劳动，并担负着为社会培养所需的人才、提高全人类科学文化素质的光荣使命。每一个有劳动能力的人在社会生活中都要寻求一种或几种生产劳动，通过从事这些生产劳动，获得必要的生活资料和生产资料，并为社会的发展做出贡献。

人类的职业生活是一个历史范畴。职业不是从来就有、永恒不变的，而是在历史上产生并随着社会分工和劳动分工的变化而不断发生变化的。

在当今社会中，产业部门的各个环节都有不同要求，所以只有根据各自的要求，培养、培训出所需要的人才，才能实现全部利益。这个问题要通过职业分类来解决。不同职业有不同要求，需要有关机构组织专家进行论证，制定资格标准，使产业界和劳动者互相配合，培养符合行业标准的人才。

（二）专业

本书中所论述的专业是社会学的概念，既不是教育学的"学科专业"中的"专业"，也不是汉语语义学中的"专业"。教育学的"学科专业"中的"专业"主要是指高等教育根据社会专业分工需要而设置的学科门类。一个"学科专业"的设置就是组织一整套学科来培养一种专门人才，主要是使他们以后能够从事相关的专门性的工作。

专业是社会分工、职业分化的结果，是社会分化的一种表现形式，是人类认识自然和社会达到一定深度的表现。人类社会形成之初虽有社会分工，但未成为专业，因为那时分工基本上是自然分工，不同分工之间没有严格的技术上的划分。早期的专业是在工匠对技艺的长期琢磨的基础上形成的，而现代专业则通过高、中等专门教育而养成。

21世纪的人才市场迎来了一个"考证"时代。职业和专业资格证书是人们求职、任职、从业的资格凭证，是用人单位招聘、录用劳动者的主要依据，是劳动力人才市场上的"通行证"。

（三）专业与职业的区别

职业不都是专业，因为不是什么职业都需要专门的技术。专业是社会分工、职业分化的结果，是社会进步的标志。一种职业能否被社会认可为一门专业是有条件的。

专业是指一群人在从事一种必须经过专门教育或训练，具有较高深和独特的专门知识和技术，按照一定的专业标准进行的活动。通过这种活动，他们将解决人生和社会问题，促进社会进步并获得相应的报酬待遇和社会地位。显然，以人为工作对象的医生、律师等职业都是专业。不同的专业有不同的标准，一般来说，专业标准包括专门的知识和技能、职业道德，要经过长期的专业训练，形成专业组织，等等。

专业和职业是有区别的。这种区别概括起来主要表现在以下几个方面：

（1）从事专门职业的人需要以掌握系统的专业知识和技能为前提，按照科学的理论和技术行事；而从事普通职业的人无需专门的知识和技能，只需按例规行事。

（2）专门职业的从业人员需要接受长期的专业训练，而且这种训练是在大学里进行的，是以接受过高等专门教育为标志的；而普通职业的从业人员无需接受长期的专业训练，主要通过个人体验和个人工作经历而积累工作经验。

（3）与职业相比，专业更多地提供一种特有的、范围明确的、社会不可或缺的服务，即相关从业者在自主的范围内对于自己的专业行为与专业判断负有责任，以高质量的专业服务获得报酬，并且把服务置于个人利益之上。

（4）专门职业把服务和研究融为一体，即专业人员不仅要提供优质的专业服务，同时为了保证服务品质和服务水平的不断提高，还要通过在服务中不断进行研究去提高专业水平，并且这种研究是一种自觉的行为；而普通职业仅提供一种服务，没有研究的意识。

（5）在专业问题的范围内，有明显的内行和外行的差异，非专业人员对专业内事物的了解极为浅薄，正如"隔行如隔山"；而普通职业无内行和外行之别。

（6）专门职业的从业人员把工作看作是一种事业，是一种生活方式，不同专业的从业人员有不同的生活方式；而普通职业的从业人员仅仅把工作当作是一种谋生的手段。

（7）专业人员一般具有较高的职业声望，在社会职业声望的排位中处在最高层；而普通职业的从业人员则适应不了这种社会声望高的工作。

二、教师专业化

教师专业化是当今世界教师教育的一个共同话题，也是教育理论研究和教育实践需要着力解决的问题之一。教师专业化是提高教师社会经济地位的重要前提，也是改革师范教育体系、提高师资队伍质量的重大问题。

本节主要对教师专业化的含义、特征、意义和作用进行分析，旨在使读者从社会职业专业化角度来把握教师专业化的真正含义。

（一）教师专业化的含义

教师专业化是指教师专业水平提高的过程和结果，是教师成长和发展的本质方面。教师的专业化又包含了许多的社会内涵，即争取教师工作专业地位的努力或斗争。

概括地说，教师专业化包括教师个体专业水平提高的过程和结果以及教师群体为争取教师职业的专业地位而进行努力或斗争的过程和结果。前者是指教师个体专业化，后者是指教师职业专业化。

（二）教师专业化的类型

1. 教师个体专业化

教师个体专业化是指教师个体专业水平提高的过程和结果，是教师成长和发展过程中的本质方面。所谓"本质方面"，是指对事物发展起决定作用的那些因素。教师在成长和发展的过程中会遇到各种各样的问题，如：教师的工资、住房、婚姻，来自政府、领导的压力，来自社会、家长的压力，与同事、学生之间的关系，进一步发展的机会和可能……所有这些都会给教师的情感、意志等方面造成影响，影响教师的人格和工作动机，但这些只是教师的成长和发展过程中的影响因素而不是本质因素。

教师的成长和发展过程中的本质因素甚至也不是指教师社会地位的变迁。社会地位的变迁只是社会对教师工作的认可度的变迁，是教师工作的伴随物，是对教师工作成就的社会奖赏。

教师的成长和发展过程中的本质因素在于教师业务水平的提高，即教师个体的专业化。

教师的专业，是教学行为的综合体现。这里的"教学行为"不仅指教师的课堂教学行为，也包括与课堂教学行为紧密联系着的一切教学行为，如：教师备课研讨会、教师之间为教学而开展的交流、教师教学计划的编制、教学研究、课外的教育行为、家访等。教师的教学行为是教师专业的外在表现形式，是教师专业的载体，是可以观察的教师专业水平。教师的教学行为是教师专业水平的最直接的表现，也是教师专业化水平不断提高的动力和源泉之一。一般地说，教学行为的过程产生了教师进一步提高自己专业水平的需要，也产生了教师专业水平提高的目标和方向，同时还产生了教师进一步推进自身专业化的动力。支持教师教学行为的是教师的专业知识结构和专业能力。也就是说，教师的专业知识结构和专业技能是教师专业的核心，是支持教师教学行为的知识基础和心理基础，即教师的教学行为就是在此基础上展开的。

所以说，教师专业就是以教学所需要的知识结构和技能结构为核心而形成的教师教学行为。

教师个体的专业化具体包括教师教学所需要的知识结构和能力结构的完善、整合、表达三个方面。教师的知识结构和技能结构的完善，要求教师不断完善自己；教师的知识结构和技能结构的整合，要求教师能够实现知识和技能的相互转换；相关的教学知识和技能的表达是指教师所发生的具体的教学行为。

2. 教师职业专业化

教师职业专业化是指教师群体为争取教师职业的专业地位而进行努力或斗争的过程和结果。

长期以来，教师职业不被西方社会视为一种专业、半专业或准专业，这给教师的地位带来了巨大的影响。在西方国家的市场经济的社会体制中，社会再分配的机制在于市场的调节。由于西方国家长期以来形成的对专业的尊重，专业工作者享有崇高的社会声誉和优厚的经济待遇，非专业工作者的社会声誉和经济地位相对较低。这种社会现实反过来形成了一种社会意识：尊重专业工作者，并认为优厚经济待遇是专业工作的一个重要指标。

与西方国家不同，中国教师的专业地位不是市场竞争的结果，而是与社会政治、伦理道德体系紧密联系在一起的。于是我国教师的地位表现出明显的时代性特点，而不是专业化之争。在长期的封建社会中，我国的教师职业没有形成现代意义上的专业地位。在科教兴国的今天，我国的教师的社会待遇有了明显提高，但教师的专业地位尚具有明显的伦理性质。我国的教师专业地位的不确定，引发了教师队伍建设的一系列问题：教师队伍中优秀人才流失的情况严重，一些优秀人才也不愿意从师。这说明教师职业的吸引力不强。由于体制不足，师范教育中教师专业的教育不健全，在实际工作中还存在着学术性与师范性的矛盾，从而造成教师学科专业的学术性和教育专业的师范性两方面的不足。另外，综合性院校学生参与教师岗位的竞争，也给师范教育的生存带来很大的压力。

（三）教师专业化的特点及其表现

教师职业专业地位的社会承认形式是教师专业化的社会标准，这也可视为教师专业化的特点之一。就教师专业化的教育标准来看，教师专业化的特点主要体现在教师的教学实践中，体现为教师在教学实践中所掌握的知识和能力的专业化。"当前的教师专业化改革更集中于教学专业化的内涵发展，即教学的品质和教师的专业行为表现。"

在这个意义上，教师的专业化的特点主要表现为：以学生发展为宗旨的教育伦理观；植根于理论、经验或规范的教育专业知识体系；教学实践中的专业技能；专业性的评价；专业创新的潜力；成为专业质量值得信赖的专业团体的成员。

（四）教师专业化的意义和作用

教师专业化是教育界孜孜以求的目标，也是自有教师职业起其从业人员就一直在努力的方向。在迈向教师专业化的道路上，无数教育界的人士进行了不懈的探索，取得了巨大的成绩，也向世人展示了教师专业化的内在魅力，体现了教师专业化的意义和作用。

1. 教师专业化是现代教育的重要标志

教师专业化是现代教育发展的必然结果，是现代教育与传统教育的重要区别。传统社会是以农业文明为特征的自给自足、发展缓慢的社会，所以传统教育是经验性的教育，缺乏教育科学、心理科学的研究的基础，缺乏理性的社会保障和管理制度，对教师的专业发展没有也不可能提出全面认识和更为具体的要求。现代社会是以现代工业为基础的科学化、民主化、革命化的社会所以现代教育是一种具有科学性、民主性、发展性的教育。现代教育所要传授的知识、技能空前扩展，因为科学技术与生产力的迅速发展对人才培育的质量和效率提出了越来越高的要求。与此同时，教育科学、心理科学的研究取得了长足的进步，现代社会对人的发展的认识不断深化，对提高教育教学质量提出了新的要求。

于是工业革命对教师的数量和质量都提出了明确的要求，专门培养教师的师范学校应运而生。虽然早期的教师教育缺乏现代教育科学的支撑，职业训练的特征远远大于专业培育，但师范学校的出现标志着教师养成从经验型向专业型的历史性转变，意味着教师专业化的开始。以电气化为标志的第二次产业革命和以电子化为标志的第三次产业革命，对劳动者的科学文化素质的要求进一步提高。这就对教师素质提出了进一步的要求。

20世纪以后，世界上发达国家和地区的教师教育先后经历了从中等教育水平的师范学校教育到高等教育程度的师范学院教育、从师范学院的独立培养到综合性大学的本科教育的转变，并逐步形成了教育学士—教育硕士—教育博士的教师教育体制。这一转变的实质，既是教师教育的质量升级，也是教师专业化水平的规格提升。近年来，由于信息技术的高速发展，经济全球化的进程日益加快，社会对教师工作质量和效率的要求空前提高。在这一背景之下，进行以教师专业化为核心的教师教育的改革，已成为世界教育与社会发展的共同特征。

2. 新世纪的中国教育需要专业化的教师队伍

改革开放以来，中国社会发展程度加深，人民生活水平日益提高，以素质教育为核心的教育改革日益深入。社会发展和教育自身的改革都对教师质量提出了新的需求。按照教育部《面向21世纪教育振兴行动计划》和《中共中央国务院关于深化教育改革，全面推进素质教育的决定》，2010年全国人口受教育年限达到发展中国家的先进水平，"具备条件的地区力争使小学和初中专任教师的学历分别提升到专科和本科层次，经济发达地区高中专任教师和校长中获得硕士学位者应达到一定比例"。

近年来，教师的专业发展成为教师专业化的方向和主题。人们越来越认识到，提高教师专业地位的有效途径是不断改善教师的专业教育，促进教师的专业发展。只有不断提高教师的专业水平，才能使教学工作成为受人尊敬的一种专业，使教师成为具有较高的社会地位的一种职业。

然而，当前，随着教育整体水平的提高，特别是随着基础教育改革的不断深化，我国的教师质量与全国实施素质教育的要求的差距明显显现出来。

为此，教师迫切需要不断更新教育理念，适应以学生发展为本的新观念；提高将知识转化为智慧、将理论转化为方法的能力，适应综合性教学、研究性教学、实践性教学的新要求；提高将学科知识、教育理论和现代信息技术有机整合的能力，充分利用信息技术的发展为教育和学习提供广阔空间；增强理解学生的能力和促进学生道德、学识和个性全面发展的综合水平，既要做"经师"，又要做"人师"。

以上这些都是对教师职业的特别要求。

第二节　教师专业发展的历史进程

如果从现代教学组织形式——班级授课制的建立开始算起，教师专业已有300多年的发展历史了。第二次世界大战后，特别是20世纪60年代后，教师专业发展成为一种强劲的思想浪潮，极大地推动了许多国家教师教育新理念和新制度的建立。现在，教师专业发展已经成为促进教师教育发展和提高教师社会地位的有效策略。

一、教师专业发展的历史

教师这职业是人类社会古老而永恒的职业。教师作为人类文明的重要传递者和创造者，其社会功能、素质要求、职业特征等均在不断发展和变化。伴随着教育普及化、教育理论和实践的丰富与发展，教师职业逐步成为一种专门的、受人尊敬的职业。社会的要求又强化了教师的专业化特征。

（一）教师专业发展中的三个特征

1. 经历了从兼职到专职的过程

在漫长的教育史上，教师往往被看成是某种神圣的或社会主导性观念的传播者。制度化教育形成以前，教师没有专门培养的必要，教师对教育内容的把握无需借助外在力量，而教育内容过于简单也使"教学方法"问题并不突出，现实生活化的模仿与实践基本能够满足需要。那时，学校和教师的工作都没有统一的标准，人们对教育的需求并不强烈，很少有人把教师作为自己的专门职业和终身职业。

随着各国政府兴办初等学校，对教师数量的需求日益增多。政府对教师的工作加以规定，给他们提供必要的生活保障，开始禁止从教人员再从事妨碍学校教学工作的职业，使教师专职化。

2. 经历了从专门到专业的过程

最初，通常是较好的初等学校或稍高一级的学校附带着培训教师：培训时间很短，主要采取"学徒制"的方法，使教师获得一些感性认识和教学经验，教育理论知识尚未进入正式课堂，教师的培训也仅被视为职业训练而非专业训练。

随着义务教育的发展和教育科学化运动的推进，现代教育方法渐成体系，教育理论有了长足的进步，师范教育理论也渐见轮廓。这为教师从事职业训练提供了理论上的指导和实践中的依据。这就意味着教师开始作为一门专业从其他行业中分化出来，形成自己独立的特征。在此基础上，世界各国相继出现了师范学校并颁布了师范教育的相关法规，包括师范学校的课程设置、师资培训、教师的选定、教师资格证书的规定以及教师的地位、工资福利待遇等。师范教育开始出现系统化、制度化的特征。

师范教育是培养师资的专业教育，它是现代社会的产物，它的诞生与变革标志着教师专业发展的开端。

3. 从数量到质量走向成熟

20世纪60年代中期，世界各国公众对教育质量的不满和对教师素质低下的讨论引发了对教师教育的批评。于是，社会对教师素质的关注达到了前所未有的程度。

现在，我国有大、中、小学教师112 105万人，大约是中华人民共和国成立初期的10倍。小学、初中、高中教师的学历合格率分别提高到96.9%、87%和68.4%。全国绝大多数在岗教师都经过了不同程度、不同形式的教师教育，教师专业水平已经得到广泛关注和稳步提高。1995年颁布的《中华人民共和国教育法》规定："国家实行教师资格、职务、聘任制度，通过考核、奖励、培养和培训，提高教师素质，加强教师队伍建设。"2000年颁布的《〈教师资格条例〉实施办法》更明确、更具体地规定了教师资格证书的操作办法，标志着我国教师职业专业化的深入。

为了提高教师的整体水平，各国政府都在提高教师社会地位和经济地位的同时，着力提升教师的素质，加强了教师教育的投入与实施。教师的专业发展，正逐步从数量到质量走向成熟。

（二）教师专业发展的各个阶段

1. 教师非专业化

教师职业伴随着人类社会的产生而产生。在古老的原始社会里，教育活动还没有从劳动生产中独立出来，仅仅是上一代人向下一代人传授劳动知识技能和生活经验，同时兼顾道德和宗教教育，因而出现了"长者为师""师长合一"的局面，教师职业还谈不上专门化。

我国从西周时开始实行政教合一、官师一体的文教政策。在"官学"中，政府官员成为学校的教师。汉代以后，教师任用相对比较注重德才兼备，选出的教师大多饱读诗书，但封建社会中以儒家经典为主要考试内容的科举制度使学校变成了科举的附庸，千百年来读书人所学与教师所教局限于有限的经典和辞章华丽的诗词文赋，故教师完全可以凭经验和模仿而胜任"官学"教师之职。因而，这一时期的教师并未进行专业化训练；教师也大都不以教学为主业，只将其作为一种"兼职"即为满足衣食之需而做的工作。在中国，几千年来，"官比师荣"的观念在人们的心中根深蒂固。人们普遍认为只要识字就可以做教师。因此，封建时期我国的教师职业深受"学而优则仕"的影响，教师成为官员仕途升转中的一站。于是，不少人把做官当作一生追求的目标，从教为师只是不得已而为之。

2. 教师专业化的开端

师范学校的出现代表着教学向专业化迈进的开始，是教师专业化的开端。1681年，拉萨尔在法国创办了一所学校。这是世界上第一所师资培训学校，是世界上利用专门的学校对教师进行职业训练的教师教育的开始，也是定向型或封闭型教师教育的雏形。随后，奥地利、德国也开始出现短期师资培训机构。它们大都是非独立性的，只是为教师或候补教师提供几周或几个月的短期课程。这种有目的的短期培训，主要采用学徒制，学生通常会获得一些感性的、经验的知识，不能形成系统的理论和规律性的认识。杜威曾评价这种教师训练方式是在最佳做法的示范和练习中学习，注重照搬和模仿以往的经验与传统的做法，因而它是狭隘的、特殊的，被地点和环境所局限的。

3．教师职业的初步专业化

19世纪末，许多国家的义务教育年限开始延长到初中教育阶段，初等教育水平不断提高，对教师的要求也提高到大学的学历水平。这个要求促使师范学校向高等师范院校过渡和发展。人们日益认识到，教学也是一项专业化的工作，它不仅需要一定的知识基础，也需要进行专门训练。因此，必须确保未来教师在大学的学院或其他高等教育机构受到良好的、科学的培训，而且这种科学培训必须具有一定的专门化。随着教育科学的长足发展，教师教育的专业性逐渐增强，教师培养活动的方式也逐步实现多样化。但班级授课制的弊端深刻影响了教师教育，被动接受知识和脱离教学实践等问题纷纷暴露出来。

在中国，从19世纪后半期到20世纪中期，教师教育初具规模，教师职业也达到了初步专业化。但由于晚清时期统治思想的封闭，以及几千年来封建思想在人们头脑中的根深蒂固，中国教师教育的发展无论在数量上还是在质量上都远远落后于很多西方国家。当西方很多国家的师范教育与学术教育从分离开始走向整合时，我国却在为师范教育获得独立、合法和合适的地位而奋争。

4．教师专业化运动的兴盛

从世界范围看，20世纪80年代以来，教师专业正步入高学历化、证书化和终身化。人们清楚地认识到，教师不仅需要真正掌握所教知识，更需要掌握与教育任务相适应的科学高效的教育教学能力。为了保证教师的专业发展和教学工作的专业水平，各国从职前培养和职后培训上双管齐下，将理论学习与教学实践紧密结合，使所谓的"师范性"与"学术性"得到良性整合，用学历证书和教师资格证书来共同保障教师的专业性。另外，20世纪50年代以来，教育科学的学术地位大大提高了。随着教育学分支学科的日益增多，那种以为精通某些知识就足以将它们传授给他人的看法已经过时，那种不是把个人全面发展而是把理论知识的简单传授作为目的的内容教育学已经被超越。而且，很多综合性大学介入教师培养，使教师教育走上综合化道路。这是对教师专业化的进一步确认，使教师专业化的探索达到了空前的高度。考察教师的专业发展的理论研究和实践时，可以师范院校的产生为界：在师范院校产生之前教师专业化运动的轨迹是从兼职到专职、从模仿到职业训练、从隐性到显性发展；在它产生之后，则是从形式上的专门职业到专业水平实质发展、从注重知识基础到能力本位、从定向培养模式到非定向培养模式、从技术型教师向研究型教师发展。

二、我国教师专业化的现状及问题

（一）我国教师专业化的实践取得的成绩

我国现有1 000多万中小学教师。这是国内最大的一个专业团体，承担着世界上最大规模的中小学教育。经过一百多年的发展，我国在教师专业化实践方面取得了一定成绩。

1. 教师的专业知识和教学技能不断提高

各级教育行政部门、学校和教育工作者为不断提高教师的专业知识、教学技能进行了不懈的努力：无论是在职前培养阶段还是在职后培训阶段，都致力于教师专业知识的完备、教学技能的提高，以不断适应教师专业化对教师本身素质的要求。为了达到这一目标，对教师教育的课程设计越来越为人们所重视。

在职前培养阶段，课程主要包括公共基础课程、学科专业课程、教育专业课程三块。另外，还包括提高师范生基本功的课程，如普通话、板书、教学组织、班主任工作等。在职后培训阶段，课程主要分为两大类：一是学历教育的课程体系，它与高等师范院校全日制课程体系区别不大，一般采取脱产学习、函授、面授、自学等方式；二是非学历教育，它是以提高教师的职业道德、教学水平、综合素养为目标的培训课程体系，分为短期培训、专题培训、远程教育、参与考察等方面。通过对职前培养、职后培训课程的整体设计与实施，教师的专业知识和教学技能不断得到提高。

2. 实施了教师资格证书制度

我国借鉴发达国家的经验，建立了教师资格证书制度，以作为国家对教师实行的特定的职业许可制度。从1995年开始，我国相继颁布了《教师资格条例》《〈教师资格条例〉实施办法》，逐步完成了教师资格制度的法律准备。2001年5月14日，教育部印发《关于首次认定教师资格工作若干问题的意见》（以下简称《意见》）。《意见》提出，"只有依法取得教师资格者，方能被教育行政部门依法批准举办的各级各类学校和其他教育机构聘任为教师"。《意见》就教师资格认定的范围、程序、学历条件、教育教学能力等方面问题做出了具体规定。教师资格制度的实施，标志着我国教师任用开始走上科学化、规范化和法制化轨道，是新时期教师队伍建设的重大举措和制度创新，对于稳定、加强和发展我国教师队伍具有十分迫切而重大的意义。

3. 教师职业形象不断注入时代内容

随着教育理论的发展和社会的进步，教师职业形象的内涵也在不断发生变化，注入时代的内涵。自古以来，教师作为传道、授业、解惑的实施者一直为人们所尊重，本身就包含了教师这一职业的职业形象的内容，并作为我国文化积淀的重要组成部分而不断得到发扬光大。"学高为师，身正为范"既是师范教育的灵魂，也是对教师形象的描述。

概括地说，教师的职业形象包括作为一般专业工作者的形象和作为教师这一专业工作者的形象。具体说，它包括以下几点。

一是作为一般专业工作者，与医生、律师等一样，都要遵纪守法，敬业爱岗，终身学习，知识渊博，忠于所从事的职业并为之奋斗，信守职业道德。

二是作为教师这一专业工作者，其职业形象包括以下几个方面：

以教育他人、培养他人为神圣职责，在任何时候都不放弃教师教书育人的天职；不歧视学生，相信人人都是可造之才，尊重每一个学生的受教育权；尊重学生，确立平等的师生关系，营造和谐融洽的教学和生活氛围；密切与社会各界（包括家庭）的合作，与社会一起推动学生的全面发展；丰富、提高自己的修养，确立教师的人格魅力，做学生的楷模；教师教学技能方面的形象，如声音清晰、普通话标准、现代教育技术手段娴熟等。

（二）我国教师专业化的实践存在的问题

中国的教育发展有着悠久的历史，但教师教育是19世纪末的舶来品，教师教育的产生比西方的历史要晚约200年。那么，我国的中小学教师队伍的专业化存在的问题有哪些呢？

依据专业的衡量尺度，综合考察当前我国教师专业化的现状，比较分析国内外教师专业化的程度，可以发现当前我国教师专业化水平处在中低级阶段，存在的问题如下：

1. 知识结构比例失调，从教能力训练不足

与国外相比，由于缺乏深入研究，缺乏规范的课程改革实验，我国现行的教师教育院校的课程设置体系（以四年制本科师范院校为例）存在一系列值得研究和解决的重要问题。其中，从教师的专业知识来看，由于现行师范院校的课程设置没有从教师专业化的角度去确定文化知识、学科知识、教育专业知识之间的关系，片面强调各核心专业学科知识的作用，忽视了社会发展的要求和师范院校学生发展的需要，课程的比例严重失调，学科专业基础课程比例过小，班级管理、教育科研、教育评价、多媒体教学、教学实验等现代教师迫切需要加强的能力缺乏训练。

2. 专业自主受到限制，专业权利名不副实

当前我国中小学教师的实际职业生涯中，教师的主要任务是教，是按照教材、教学参考资料、考试试卷和标准答案去教。至于为什么要教这些，为什么要这么教，怎样教更好，教师很少进行深入思考。因而出现了这样的现象：教学内容是由教学大纲规定的，教学参考资料是由教研部门提供的，教学方法是由教研部门介绍的，考试试卷是由教育部门编制的，教师成了游离于研究过程之外的被动的旁观者，成了教育行政部门各项要求的机械执行者，成了各种教学参考资料的简单照搬者，成了教研部门提供的一些模式的盲目模仿者。教师的专业自主权受到种种限制，教师的教育教学活动缺乏主体意识，教师的专业权利名不副实。

3. 教师组织力量薄弱，活动时空余地有限

教师专业组织于教师在专业层次的提升上是极其必要的。但是，我国教师专业组织在发展上遇到了如下问题：

（1）在现行授课时数多，教学任务重以及众多学生问题需要处理的情况下，中小学教师很难有充裕的时间去参与教师组织活动。

（2）在我国义务教育目标明确以及中考和高考的压力下，教师组织没有多大的自主活动空间。

（3）中小学教师资格都已依相关法规规定，教师组织参加协商教师聘任没有多大的余地。

（4）教师缺乏活动经费，无法广泛开展组织活动。

三、新时期我国教师的专业发展

新时期的学习型社会，对我国教育的发展与改革提出了更高的要求。在我国全面实施素质教育的过程中，必须充分体现教师的主体作用。教师教育研究的核心对象是教师，包括教师的培养、任用、培训与管理等各个方面。所以我们需要重新认识教师的角色定位并进行课程改革。

（一）知识经济社会对教师专业发展的要求

首先，教师自身必须具有自我完善能力，与学生共同发展。在基础教育课程改革的背景下，要使新课程进入课堂，教师必须学习新课程的理念，掌握新课程的要求。教师只有坚持不断地学习，才能保持自己在教育教学中的地位和价值，才能更好地完成教育教学任务，培养出更多更好的学生。为此，教师要有学习的精神与意识，要有有效学习的能力。

其次，教师必须树立正确的专业态度。知识经济社会为个体的发展提供了广阔的空间。学校教育只是基本、基础教育，尽管十分重要，但毕竟不是人生所受教育的全部。教师在教育实践中，必须遵循面向全体学生的教育要求，采取因材施教的教育策略，努力使每个学生获得其自身的最大发展。关心、教育和帮助每个学生，促进学生的身心健康成长，是现代教师必须具有的专业态度。

再次，教师必须有培养学生的创新精神和实践能力的专业能力。知识经济社会要求个体要有不断创新的举措以推动社会的前进。国力竞争就是人才的竞争，但人才竞争并不只是人才的"抢夺"。我们应该立足于人才的培养，即培养能推动我国社会主义现代化建设的有用之才。因此，教师必须有能力按照素质教育的要求，培养学生的创新精神和实践能力。

最后，教师应该更注重自身的专业道德。知识经济的发展也在一定程度上使教师职业潜伏着道德危机。教师在新时期更应当恪守"学为人师，身正为范"的信念，加强自身的专业道德修养。

（二）素质教育与教师专业发展

实施素质教育工程，主渠道在学校，而真正落实的关键还在于广大教师日常的教育教学工作。所以，教师专业发展水平的高低是素质教育成败的决定因素。

第一，教师要有本专业的良好知识结构。这不仅要求教师的专业知识宽广、厚实，而且还要求教师能深刻地把握其中的基本思想和方法，了解知识的发生发展过程及相应的认知策略。教师只有站在这样的高度，才可能以科学的过程组织和指导学生学好知识并引导学生学会学习。

第二，教师要对其他学科知识有广泛的认识和了解。现代社会和科学技术的发展都是既分化又综合的，自然科学与社会科学也是相互渗透和促进的。为此，所有学科的教学都应向着这一基本目标而努力。

第三，教师要掌握科学的教育规律。素质教育不仅要求教师把握好"教什么"，更重要的是把握好"怎样教"，因为"怎样教"影响着学生"怎样学"，影响着学生是否能"学会学习"。因而，教师必须认真深入地学习教育学、心理学、思维科学、教学方法等方面的知识，把教育教学的科学性和艺术性高度完整地统一起来。

（三）课程改革对教师专业发展的要求

首先，随着知识经济时代的到来，教育正经历着一场深刻的变革。新时期的人才培养目标是"努力培养富有创新精神和实践能力的人才"这对教师的教育创新提出了很高的要求，因为如果没有教师的教育创新，就很难有学生的创造精神。因此，教师的创新能力是时代赋予教师专业发展的新要求。

其次，人才培养目标的改革要求进行课程的改革，课程改革与教师教育已成为社会关注的焦点。为此，教师要积极进行启发式和讨论式教学，激发学生独立思考和创新的意识，切实提高教学质量。这就对教师的课堂教学能力提出了新的要求，特别是对教师在课堂教学中的组织和沟通能力提出了更高的要求。

最后，新时期的课程改革，将单一的国家课程管理改变为国家、地方、学校组成的三级课程管理模式。国家、地方课程的校本化以及学校校本课程的建设，要求教师必须具备课程建设的能力，也对教师的知识自我更新能力、科研能力等提出了新的要求。这是对教师专业发展的新的要求。

四、教师的角色变化与要求

（一）教师成为学生成长的促进者

知识的激增对教师的教学提出了新的挑战：一是教师作为知识传授者的传统地位开始动摇。现代科学的知识量多且发展快，使教师应该教学生"学会学习"成为当代教育的最强音。二是教师作为学生唯一知识源的地位已经动摇。学生获得知识信息的渠道正日益多样化，教师传授知识的职能有所改变：不再只是教"教科书"，而是要指导学生懂得如何获取自己所需要的知识，掌握如何获得知识的工具以及学会如何根据认识的需要去处理各种信息。三是学校教育给予的知识已不足以供个体享受终生。教师不能再简单地、盲目地把传授知识作为自己的主要任务和目的，而需要把教学的重心放在如何促进学生的"学"上。

现代社会的压力增加，竞争加剧，人与环境的冲突增多，使年青的一代面临许多过去几代人均未遭遇过的心理压力、心理冲突和困惑，学生的心理问题日益突出。这就要求教师从过去"说教者"的传统角色中解放出来，成为学生健康心理、健康品德的促进者、催化剂，承担起学生心理保健医生的角色。这也是教师成为学生成长的促进者的重要内涵。

（二）教师成为教育教学的研究者

要实现教师从知识传授者到学生成长的促进者的角色转换，教师本身就必须是一位积极的、有效的教育教学研究者。许多过去的经验和理论很难解释目前教育领域中所发生的一切，所以教师必须从教书匠的角色中挣脱出来，成为科研型教师。教师要以研究者的心态置身于教育情境，以研究者的眼光审视已有的教育理论和教育实际问题，对已有的教育理论进行思考。教师以研究者的精神不断地发现问题、解决问题，其教育教学质量也就随之提高。

（三）教师成为社会活动的积极参与者

生产力的发展，教育的日趋普及，使教育成为"大众化"的事业，学校、家庭、社区之间的关系发生了变化。学校的教育资源向社区开放，并参与社区活动；社区也向学校开放自己可利用的教育资源，参与学校的教育活动。学校教育、家庭教育、社区教育三者紧密联系了起来。教师的教育工作不再局限于学校、课堂中。学校教育只是整个教育的一部分，学校教育的质量与社区的文化氛围、生活水平、人口结构密切相关。教师的有效教学应建立在学校教育、家庭教育、社区教育目标一致的基础上。封闭的学校教育，显然是无法培养出当代社会所需要的人才的。所以，教师不仅仅是学校的一员，也是整个社会的一员，是整个社会教育与科学、文化事业的共建者。因此，教师的角色必须从专业型教师、学校型教师拓展为社会型教师，成为社会活动的积极参与者，从而更好地完成教育教学任务。

第三节　教师专业素质的有关研究

一、教师专业素质的内容

专业的知识、技能、态度是构成教师专业素质的主要部分。这三方面的水平决定了教师专业素质的高低，教师专业素质的内容主要包括以下几方面：

（一）教师专业知能

运用专门的知识与技能是专业条件中的首要条件。

最早对"教师专业知能"一词下定义者为美国的舒尔曼教授，他认为教师专业知能是指"教师为了将教学内容传达给学生，必须懂得使用有效的表达方式，也必须了解学生的先备知识与迷思概念，并能有策略地重整学生的概念"。因此，教师必须具备学科内容知识、一般教育知识、课程知识、学科教学知识、有关学生及其特性的知识。肯尼迪和巴恩斯指出教师的专业能力除了一般的学科知识、教学技巧之外，教师的信念、价值、角色认同与自省能力亦为教师专业能力的一部分。帕克与斯坦弗德认为一位专业教师除了应具备基本的知识与能力之外，还应有反省与解决问题的能力，只有这样才足以胜任教育工作，而基本知识包括了解自我与学生的知识、学科专门知识、教育理论与研究的知识；基本能力则包括教学技巧和人际沟通的技巧。

另外，教师应具备的知识还有教育环境脉络的知识、教育目标与价值及其哲学与历史背景的知识等七项知识。但包括我国在内的各国教育专家对教师专业知能究竟包括哪些内容还是众说纷纭，莫衷一是。通过比较分析，我们对学术界关于教师专业知能的研究做了大致的概括和归纳。

（二）教师的专业知识

我们认为作为一名专业的教师，应该具备普通文化知识、所教学科的专门知识和教育学科知识三大方面的知识，而且这三个方面的知识应该是相互结合和交融的。

1. 普通文化知识

教学工作的对象是有待于进一步塑造的人，因此强调教学工作的"人文性"特点，强调教师对普通文化知识的掌握，因为普通文化知识本身具有陶冶人文精神、养成人文素质的内在价值。在拉丁文中，"文化"一词的本义就是"培养"。在今天，广义的"文化"也许已成为一个包罗万象的概念，反映在教师应具备的普通文化知识上，广博的要求也顺理成章了。教师应具有哲学、社会科学、自然科学等方面的知识，不仅要"渊博"，而且要"饱学有识"并内化为个体的人文素质，从而成为一个具有崇高的精神境界、健全的人格特质的"人类灵魂的工程师"。

2. 所教学科知识

教师的劳动是一种复杂的、创造性的劳动，要成功地完成教学任务，就要精通所教学科的知识，对自己所教学科的全部内容有深入透彻的了解。所教学科知识主要包括：

（1）内容知识，即各学科有关的事实、概念、原理、理论等；

（2）实质知识，即一个学科领域的主要诠释架构与概念架构；

（3）章法知识，即一个学科领域里新知被引入的方式以及研究者对知识的追求与探究的标准或思考方式等；

（4）有关学科的发展——最新的发展、正在进行的研究以及最近取得的成果。

这样才能做到"资之深，则取之左右逢其原"。因此，教师应是一个学者，是所教学科的专家，需要精通所教学科的知识。

3. 教育学科知识

教学工作是一种培养人的专业工作，"仅通晓一门学科并非必然地使他成为该学科的好教师""学者未必是良师"。一个教师要成功地扮演好自己的角色，在所教学科知识够用的基础上，更重要的是具有教育学科方面的知识，教师的专业领域毕竟是教学而不是其任教的学科。虽然教学工作作为一种专业所依赖的教育学科知识体系至今还不完全具备一种公开的、经得起公众考察和批判的方法，以便能够形成代表这一专业的一系列独特的观念、步骤和概念，并能对它做出检验，但目前确实已存在着可以作为教学工作基础的一个知识体系和一系列新颖的关于教学的概念，在教学法知识方面近来也取得了较多的成就，关于人的成长与发展的知识也较快地发展起来，这些知识在很大程度上可以确保教师有效地做好自己的专业工作。

（三）教师的专业技能

教学技能是指教师在教学过程中运用一定的专业知识和经验顺利完成某种教学任务的活动方式。在心理学中，技能一般被分为狭义的技能和广义的技能。狭义的技能是指技能的初级阶段或初级水平，即在一定的知识基础上按照一定的方式通过反复练习或由于模仿而达到"会做"某件事或"能够"完成某种工作的水平；广义的技能则是指技能的高级阶段或高级水平，即在掌握初级技能的基础上经过反复练习，使活动方式的基本成分达到自动化的程度。教师基本功可以看成是属于狭义的教学技能的范畴，一般泛指教师具有书写钢笔字、粉笔字、毛笔字（简称"三字"）和用普通话说话、讲课、朗读（简称"一话"）的本领，以及会制作教具、教学挂图，会编写教案、编排板书、画教学示意图，熟悉教学大纲和教材，等等。广义的教学技能即教学技巧，是教学技能的高级阶段，是教学行为专业性的重要方面，反映了教师运用已有知识或经验来完成教学任务的熟练程度和水平。

（四）教师专业道德

专业道德是指某一专业领域人员所应该遵循的道德规范和责任。在专业领域中，如果专业自主性愈高，而且对社会大众影响愈大，则对于专业自律要求愈强。所以在各种专业团体中，都会订立相应的职业道德准则来规范和约束对于所属会员在执行工作或与他人互动时的行为。

因此，教育概念是个道德概念，教师的专业特性是以道德要求为基础的，教师专业道德是教师职业的基本规范，是作为教师所必须具备的最起码的专业准则。

（五）教师的专业精神

从教师专业性质和专业化过程的特点来看，现代教师应当具有的专业精神表现在以下几个方面：

1. "敬业乐业"精神

"敬业"是指教师对自己所从事的专业工作发自内心地热爱和崇敬。任何教师，应当对教师专业有清晰而独特的了解和认识，怀有强烈的尊严感，方能建立起坚定的专业信念，也才能对社会的各种评价做出正确的、理性的判断。

"敬业"还需"乐业"。"乐业"就是教师对自己专业工作表现得兴趣盎然、心甘情愿。一个人一旦投入教师专业，就需不为物欲所左右，不为名利所动，做到淡泊明志，宁静有为，由"敬业乐业"而获得人生之乐。

2. 开拓创新精神

"教育即创造"是人们公认的原理。在现实的教育活动中，教育对象千变万化，学生个性千差万别，时代发展对人的要求又日新月异。教师要把一个个活生生的独特个体从蒙昧状态培养成社会所期望和需要的人才，绝不是靠按照某种程式化的机械劳动可以完成的，而是要靠具有高度的创造性的劳动。因此，教师的专业工作，不允许教师墨守陈规，也不允许教师一味地囿于个人经验，而要求教师敢于借鉴，勇于开拓，依据变化的情况，不断寻求适合教育对象的教育方案、方法和手段，使自己的教育教学活动更科学、更完善，形成自己独特的教育风格。

3. 无私奉献精神

教育工作是非常细致、艰巨和复杂的，教师所付出的劳动，是任何量化的手段所无法准确计算的，这必然要求教师对教育工作保持一种无私的奉献精神。这种精神的表现，就是教师尽可能淡化功利思想，不斤斤计较物质享受，不迷恋于世俗浮华，不对个人利益患得患失，一切以"育人"

为上，全心全意把知识、智慧、爱心、时间乃至生命奉献给教育事业，奉献给每一个学生。

二、教师专业素质的发展趋势

教师专业素质全面发展意味着课程将以学生为主体，以理解、体验、探究和创造为根本，生活世界的课程内容以及隐性课程和校外课程的内容都将纳入课程的范畴。还意味着教师与他人交往能力对教师专业素质的有效提高尤为重要，教师、学生、教材、环境应该有机整合，融为一体。

为培养具有高素质的教师，世界各国对教师的专业素质都非常重视。但是，就我国现状来说，教师教育的效果并不令人满意，受到诸多抱怨和批评。造成这种情况的原因固然很复杂，但这与对教师发展过程规律性本身缺乏了解不无关系。

由于对教师在专业发展过程中何时、何地、何种场景下会遇到何种问题，他们需要何种类型、何种程度的帮助不甚清晰，对教师缺少一种发展观，故我们需要对教师专业素质的发展方向有所了解。

我们就教师专业素质发展趋势的几个重要方面来探讨新时期的教师如何在专业素质方面尽快地成长。从课前准备到课后理论研究，从课堂内到课堂外，从教学到管理，我们现今的教育理念和方法还存在着一定的误区，教师对专业素质发展方面的知识还很薄弱，因此，要求教师能看到在自身成长过程以及发展中被自己所简化或忽略的规律性的东西，在观念和方法上有所突破，形成在教育中反思，在反思中教育的良性循环教育过程。

（一）从缺乏课程修养到提升课程开发能力

课程是教学的最重要概念之一，课程修养是一位成功教师的必备素质。课程修养决定教学观，并因此决定教学改革的深度、广度。但是，课程究竟是教学的"枷锁"，还是"跳板"？是教学的"控制者"，还是"促进者"？在传统的教学论概念系统中，课程被理解为规范性的教学内容，而这种规范性的教学内容是按学科编制的，故课程又被界定为学科或各门学科的总和。这就意味着，课程只是政府学科专家关注的事，教师无权也无须思考课程问题，教师的任务只是教学。因此，我们的教师大部分缺乏课程意识以及课程修养，新时代的课程要求教师能够树立课程意识，并且有效地利用和开发课程资源。

1. 树立课程意识

我国基础教育中长期存在的课业负担过重和课程内容"繁、难、偏、旧"的现象，除了课程设计上的问题之外，应该说与教学改革中课程意识的缺乏有一定的关系。那么何谓课程意识呢？课程意识就是指人们在考虑教育教学问题时对于课程主义的敏感性和自觉程度。为促进学生的健康发展，教师应树立课程意识的自觉性。

课程意识关注的重点在于教学活动要做到恰如其分，即教师的教学活动要和学校、家庭、社会等整个大环境的教育活动联系起来，与学生的其他各项活动之间保持一种动态的平衡。否则，教学活动就会挤占学生的其他学习时间，甚至应有的娱乐、运动和休息时间，从而影响学生的健康成长和健全发展。

要适应课程的改革，教师应该树立正确的课程意识，谁能够及早意识到这一点，谁就能在课程改革中把握发展的主动权，真切感受到教学的终极意义。作为教师，要认清教师"转型"的迫切性和重要性，通过不断地吸收最新的教育科研成果和探索有效的课程实施方法，不断地发展自我、超越自我，以应对新课程的发展变化，构建适合21世纪时代要求的新形象，使自己成为一名成功的教师。

2. 提升课程资源开发能力

课程资源有广义与狭义之分。广义的课程资源指有利于实现课程目标的各种因素，狭义的课程资源则仅指形成教学内容的直接来源。综合两种观点，可以将课程资源视为课程设计、实施和评价等整个课程教学过程中可以利用的一切人力、物力以及自然资源的总和，包括教材、教师、学生、家长以及学校、家庭和社区中所有利于实现课程目标，促进教师专业成长和学生有个性的全面发展的各种资源。在教育教学活动中可以开发与利用的资源多种多样，但需要明确的是，并不是所有的资源都是课程资源，只有那些进入课程，与教学活动联系起来的资源，才是现实的课程资源。因此，从这个意义上说，课程资源的合理开发与有效利用是课程目标顺利达成的必要条件，也是课程改革顺利进行的有力保障。

（二）从关注教走向关注学

传统的教学很大程度上是执行事先备好的教案的过程，教师的教和学生的学在课堂上最理想的进程是完成教案。教师期望的是学生按教案设想做出回答，教师的任务就是努力引导学生，直至得出预定答案。学生在课堂上实际扮演着配合教师完成教案的角色。于是，我们就见到这样的景象：课堂成了演出"教案剧"的"舞台"，教师是"主角"，学习好的学生是主要的"配角"。大多数学生只是不起眼的"群众演员"，很多情况下只是"观众"与"听众"。

我们已经认识到，革新的教学观要求我们从关注教切实转向关注学。但这里的关注学并不意味着教师要完全为学生的学习负起责任。作为教师，我们开发课堂教学实践和斟酌调整课程以提高学生学习的可能性。但是要真正完全控制学生学什么实质上是不可能的，因为每个学生寻找意义、理解的途径可能是不同的。即便教师认真组织课堂教学，确保所有学生在同样的时间内学习同样的内容，每个学生依然会通过自己的认知过程建构自己独特的意义。换句话说，作为教师我们对自己教什么有很大的控制，但是对学生学什么的控制往往很少。因此，教师应把重点从确保所有学生学习同样的内容转向确保仔细地分析学生的理解，以学生的学"度身定制"教学的方法，亦即以学定教。

（三）从孤独走向合作

教学是一种服务性行业，我们为谁服务？看上去问题很简单——为学生服务，这种回答是对的，但却不完整，因为教师除了为学生服务之外，还要为很多人服务，或者确切地说，教师服务的是我们的社会。因此，教师的工作范围不仅仅局限在教室内，如果想要做一名成功的教师，就必须与很多人合作和沟通。

每一个教师都不是一座孤岛，当教师需要与那些对学生的学习有所帮助的人进行合作时，就能够克服局限于教师自身孤立无援的困境。这些能够提供帮助的人包括顾问、领导、家庭成员和社会人士。而且，我们相信无论教师的背景和经历有何不同，只要遵守简单的交往原则，就能够建立起良好的合作关系。

（四）从经验型走向科研型

教学是一项十分复杂的工作，每个教师都有自己独特的经历，自己的个性、爱好和特长，不同的学生有不同的学习方法，正如我们不能把学生变成我们教师要求的拷贝，我们要使学生富有个性地发展一样，我们教师的教学也要富有个性地发展，应有自己的创造性。

随着新课程、新教材的实施和推广，我们原有的教学理念、教学方法和手段、习惯的教学实践等都会面临愈来愈多的撞击，会遇到很多原来没有遇到的新问题、困难或困惑，这些问题、困难靠以往的办法可能难以解决，这就需要我们教师去探究、去摸索，从而采取更有针对性的行动。教师即行动研究者，是时代的要求，是新一轮课程改革的要求。但是我们应该注意的是，我们这里强调教师即行动研究者，不是主张教师进行的行动研究要向专家、学者的研究看齐，实际上教师研究不能也不应该向专家、学者的研究看齐。因为教师行动研究实质上是为自己的研究，是从教师自身内部发展起来力图改变现状、改进教学的研究。教师要将行动研究作为一种研究方式，更要把它作为自己教学生涯中的一种生活方式。

第四节　教师专业发展的条件与途径

教师专业发展是我国教育事业当中的一个重要课题，它直接关系到我国教育改革的前途和命运。教师专业发展的条件和途径是教师专业研究中的重要组成部分，只有认真研究与探索，我们才有可能取得成功。

教师职业有自己的理想追求，有自身的理论武装，有自觉的职业规范和高度成熟的技能技巧，具有不可替代的独立特征。教师不仅是知识的传授者，而且是道德的引导者、思想的启迪者、心灵世界的开拓者、情感意志信念的塑造者。教师专业发展是一种认识，更是一个奋斗的过程；是一种职业资格的认定，更是一个终身学习，不断更新的自觉追求。

一、教师专业发展的条件

建设高质量的教师队伍，重视重新发现教师、关注教师专业发展已成为世界潮流，反映了当代教育的重要规律，推进了教师专业发展的进程，它需要创造一系列条件：

（一）教师专业发展的外部条件

1. 国家相关政策法规提供保障

我国有关法律已为推进教师专业化提供了基本的制度保证。1994年我国开始实施的《中华人民共和国教师法》规定："教师是履行教育教学职责的专业人员。"第一次从法律角度确认了教师的专业地位。1995年国务院颁布《教师资格条例》，2000年教育部颁布《〈教师资格条例〉实施办法》，教师资格制度在全国开始全面实施。1999年，我国出版的第一部对职业进行科学分类的权威性文件《中华人民共和国职业分类大典》，首次将我国职业归并为八大类，指明教师属于"专业技术人员"。2001年4月1

日起，国家首次开展全面实施教师资格认定工作，教师资格证书制度进入实际操作阶段。

2. 社会舆论达成共识

在当今世界，"学高为师"的社会意识仍是一种主流，"三人行，必有我师"是社会意识的充分反映，这种意识一旦泛化成为事业的衡量标准时，就出现了学术性成为教师职业的一个行业指标，形成了"人人为师"的观念。因此，当前还有不少人认为教师职业有一定的替代性，或处于一个准专业水平，误以为只要有一定的学科知识就能当教师，忽视了师资培训和继续教育对教师专业发展的作用。要改变这种社会偏见，只有更多地依赖于教育自身，从各方面加大教师专业化教育制度的改革，让教师专业化的观念成为社会的共识。

3. 进一步完善教师教育制度

近年来出台的一系列教师教育法律法规和方针政策，标志着我国的教师教育事业进入了新的发展阶段。

确立教师教育一体化体制，即职前教育与在职教育一体化。大多数在职教师在正规的教育环境下完成了学历教育，然而他们在教育观念、教育思想、教育方法、科研能力等方面迫切需要更新和发展。教师在继续教育中加深对素质教育的认识，掌握素质教育条件下的现代教学理论与方法，才能适应时代的要求。加强在职教育，不仅是社会与时代的外在要求，也是教师的内在要求，是弥补职前教育不足的有效途径，是教师职业终身化的必然选择。

完善教师资格制度，教师资格制度作为国家对教师实行的特定职业许可制度，旨在保障教师队伍达到基本的素质要求，对新世纪的教师在师德、文化素质、教学水准等各方面，提出了更高、更具体的要求。而且面向社会认定教师资格，吸收非师范类优秀人才从事教师工作，打破了师范院校"专营"教师教育的格局，但一定要防止资格认定流于形式。

以上是教师专业发展的外部条件，是让教师发展走向专业化的外因，它们使教师成为一名专业人员。而要保证教师不断自觉地促进专业成长，还需要教师自我专业发展的内在主观动力。

（二）教师专业发展的内在条件

教师的自我专业发展意识所扮演的对教师自身专业发展路线的调节、监控角色，使得教师专业发展构成了一个动态发展的循环，促使它朝着积极的方向不断发展。

教师专业发展的内在条件是教师对教育、学校乃至自身的存在与发展的深入理解，是这三方面的合取，缺一不可。

1．对教育的深入理解

要做到对教育的深入理解绝非易事，而且仁者见仁，智者见智，但教师在长期的教育实践中若加强学习，那么对教育的理解必然会逐步深化，个人的心得经过提炼就可以拿出来与大家分享。同时也可以明白深入理解教育对教师专业化发展的重要性。

子曰："诗三百，一言以蔽之，曰'思无邪'。"他对千百条教育原则的归纳是"一言而蔽之，曰'因材施教'"。用现代术语来说，他对教育本质的理解就是：人才是多种多样的，教育必须针对学生的个体差异。

高斯和贝多芬呱呱落地的时候没有人知道他们将来是不是顶级的人才，更想不到前者将成为"数学王子"而后者将成为"乐圣"——与其说是同一豆荚中两颗豆子的差别，不如说是一颗莲子与一颗松果的差别，当他们的差异开始露头的时候，就要强调因材施教，给他们最合适的生长环境，使用不同的栽培方法。唯有个性化的教育才能保证他们成才。

诺贝尔奖得主、德国物理学家劳厄说："重要的不是获得知识，而是发展思维能力。教育无非是一切已学过的东西都忘掉后所剩下的东西。"后一句是劳厄抓住自己的体会给教育下的一条定义，这也许只是教育的众多特征之一，在教育家看来不无偏颇，但劳厄抓住这个特征进行了推论，他的推论就是前一句。我们如果认同劳厄的这个观点，还可以继续推理，用其结论来提高教育效率。我们会考虑："既然如此，我该怎么教、教什么，才能使学生忘却的最少？"这就可以推论出许多大大提高学习效率的有益原则。

因此，教师专业化发展必须建立在对教育的深入理解之上，如果这种理解不正确，教师的教学实践必然出现各种问题。

总之，教师专业发展取决于教师对教育本身的一步步深入下去的理解和探索。

2. 对学校发展的深入理解

教师对学校发展的理解对教师专业化发展有很大影响。

许多教师都有这样一种想法："学校发展是学校发展，为了教师专业发展，我独善其身也可以。"其实不然，每个人都有自己对学校发展的理解，而这种理解还决定了教师的自身定位。如果教师把自己定位于学校科层制管理上的机械操作工，那么就会与教师专业发展理论主张的教师专业自主权格格不入，按这种理解，最终会遏制教师创新精神的发扬，甚至会滋长阿谀奉承的不正之风，从而使学校走向衰败。

关于学校的教育质量，教育界有一项共识：一所学校教育质量的高低首先决定于生源，其次是师资，教学条件设备放在末位。也就是说，如果把学校比喻成一座工厂，那么原材料最重要。在原材料供应相对稳定的条件下，厂房设备对产品质量的影响最小，那么，重要的就是教学与管理。在教学与管理中最重要的人员自然是校长——"一位好校长就是一所好学校"。于是以校长为首的教学管理人员和全体教师的专业化发展就尤为重要。

3. 对自身的存在与发展的深入理解

传统的学习只关注认知领域，当代学习社会有四大目的：学会认知；学会做事；学会共同生活；学会生存。其中"学会做事"和"学会生存"正好与一句英语格言相对应，即"To be is to do"——生存就是做事。这种人生观是和"生存就是游手好闲、吃喝玩乐"针锋相对的，抱着后面这种人生观的人是不配留在教师队伍里的。周昌忠教授在《生活圈伦理学》一书的自序中所给的准则就把两者明确地划分开了。他说："现代人的生存方式是'做事'。"这'做事'主要包括三个环节：从至善的价值出发；全身心地投入；企求做出成绩。"

希腊特尔斐岛上有一座阿波罗神庙，其前殿墙上镌刻着一条"神谕"："认识你自己。"这条"神谕"有着深刻的含义。用马斯洛需求层次论的术语来说，社会上大多数人一直认识不到自己的生存价值，逗留在较低层次踟蹰不前，这对社会、对个人都是一种损失。人是需要一点儿信仰的。你可以不信神，但不妨信仰这条"神谕"，它实际上是先贤的遗训。除了有少数人认为自己是块金子，只是没有遇到机会外，大多数人每天忙于生活，从来没有想过要认识自己的真正价值。也有些人想来想去也想不出自己有什么特别的价值，只好自认凡夫俗子一个。社会上大多数人之所以没有领受"神谕"打算带给他的福音，是缺少学习的缘故。歌德曾经说过："一个人怎样才能认识自己呢？绝不是通过思考，而是通过实践。尽力去履行你的职责，那你就会立即知道你的价值。"

职责不同于职业。职业可以终身不变，在大锅饭体制下，有人甚至可以抱着"混饭吃"的态度混半辈子。职责是与时俱进的。正如歌德补充说的："可是你的职责是什么呢？就是当前的现实要求。"所以说，认识自己的过程就是不断履行时代赋予自己现实要求的过程。

二、教师专业发展的途径

教师专业发展是实施新课程的关键，除了有理论指导外，更为紧要的是如何探索教师专业发展的途径。近年来，有些学校坚持以校为本，在坚持教师自我评价、案例开发、研究性教学等方面，进行了一定的尝试，深入探讨以学校为本的教师专业发展途径，这对于促进教师专业发展具有重要意义。

自20世纪80年代教师专业发展理论得到大家重视以来，师范院校、教师培训机构、教师所在学校都在以此为依据开展教师教育工作。作为教师职业生涯的主要场所——学校，也应该是教师专业发展的主要场所。近年来，学校坚持根据新课程的要求，将转变教师的教育教学观念，落实到以学校为本的教师专业发展途径探索上，我们主要结合自身的教师管理实践，就教师专业发展的有关途径做些探讨。

（一）开发教育教学案例，发现教育教学过程中的问题

传统的思维方式、教学方法，已经在教师身上深深地打上了"教师总是对的"的烙印，教师往往存在着"自己的教学是没有问题的"这种倾向。一旦教学出现了问题，那总是学生的问题。为了克服教师的这种倾向，应该让教师结合自身的教学实践，深入反思教学中出现的各种问题，

并且主要从自身方面来寻找问题的症结所在。因为如果找到了问题，找到了症结，那么教师就会产生进一步学习的需要，从而也就有了进一步发展的动力。

为此，教师要基于自身的经验，按照案例写作的有关要求，再现当初自身所处的情景、内心的活动以及做出决策的依据的过程。在教师有了一定的"问题意识"后，再聘请专家或利用其他途径来解决教师们心中的疑惑。即通过创设问题情境、激活背景知识、请专家发挥"支架"作用，引导教师们进行问题后反思，由此而培养教师对自己所从事职业的一种"专业自觉"，发展教师自主学习的能力。

（二）开展研究性教学，促进教师专业发展

教师专业发展，除了要在专业道德、专业情意、专业素质等方面发展外，同时，也表现为对自身所从事学科教学专业的理解，即他本身所教学科在整个人类知识体系中的位置以及这门学科对学生与教师本身发展的人生意义。在教师的日常教学活动中，开展研究性的教学活动，对教师专业发展具有重要的意义。

研究性教学最终将改变教师的生活方式，使教师职业由技术型走向学术型，使教师成为真正意义上的知识分子。读书、交流、分享思想、分享收获应该是教师生活的组成部分。教师必须知道，作为一种精神生活的读书和作为一种职业需求的读教材、读教参是性质不同的。

当然，教师还可以通过诸如学术讲座、专业课题研究等方式提高自身的专业造诣和文化底蕴。研究性教学的出现将在一定程度上淡化学习与创造、中学与大学的界限。对教师而言，仅有观念的更新、教法的完善是不够的。提高教师的专业造诣与文化底蕴，将是教师教育的重要课题，同时也是新课程的客观要求。

（三）教师专业发展的自身途径

在促进教师专业发展的过程中，教师自身的努力起着不可忽视的作用。

1. 教师自身要有专业发展的观念和意识

当今"以人为本"的教育理念呼唤教师的自我发展意识，要求教师是全面发展和人格完善的，教师应努力成为自觉创造自身职业生涯的主体。教师的自我发展需要和意识是自我专业发展的内在主观动力，使教师本人在专业发展中的能动作用得到极大的发挥，也使得实践终身教育思想成为可能，并可促使自我专业发展能力的形成，成为促进专业发展的新因素。

2. 教师寻求自我专业发展的途径

（1）学习教师专业发展的一般理论，建立专业责任感。教师应尽可能多地学习、了解教师专业发展的理论，对自己的专业发展保持一种自觉状态，及时调整自己的专业发展行为方式和活动安排，努力达到理想的专业发展。

（2）制订自我职业生涯发展规划。教师应制订自我职业生涯规划，对影响专业发展的错综复杂的因素有效地加以统合，使职业发展的道路更为顺畅，成功的机会更大。制订自我发展规划的步骤：

第一，认识自我以及自我所处时间与空间环境。

第二，审视发展机会，确定发展目标。

第三，制订行动策略并按目标逐步执行。

第四，评价发展计划。

（3）积极参加在职学习与培训。在职学习与培训是更新、补充知识、技巧和能力的有效途径，可以为教师的专业发展提供机会。尤其是近年来兴起的"校本培训模式"是一种效率高、操作性强的在职培训方式。它基于教师个体成长和学校整体发展的需要，由专家协作指导，教师主动参与，以问题为导向，以反思为中介，把培训与教育教学实践和教师研究活动紧密结合起来，以学校实际问题的解决来直接推动教师专业的自主发展。在职学习与培训应让教师养成一种持续学习的习惯，成为自己专业发展的主人。

（4）进行教育研究。教师参与研究是提高教师自身素质、促进教师专业发展的一条有效途径。在研究中，教师可以将理论与实践有机结合，更好地理解课堂和改善教育实践，不断扩展自己的专业知识和能力。教师的研究，首先表现为对教育实践和教育现象的反思，发现问题和新现象的意义，不断改进工作并形成理性认识，使研究成为专业生活方式；其次则表现为对新的教育问题、思想、方法等多方面的探索和创造能力，运用多方面的经验和知识，综合地、创造性地形成解决新问题方案的能力。

（5）进行经常化、系统化的教学反思。反思是教师专业发展的重要方式。成功的和有效率的教师倾向于主动地和创造性地反思其专业发展的实践和能力。教育改革要求教师养成经常进行自我反思的习惯和能力，促使教师较快地成长为富有创新精神和创造能力的反思型教师。反思能力的养成是确保教师不断再学习的最基本条件。教师在个人反思或集体反思的过程中，可拓宽专业视野，激发不断追求超越的动机。

第六章

提高教师教学技能

第一节　教师课堂引入技能

一、教师新课导入技能

（一）新课导入的基本原则与要求

一般来说，导入新课时所设计的导语应遵循以下原则：

1. 符合教学的目的性和必要性

课堂教学导入时，一定要根据既定的教学目标来精心设计导语，与教学目标无关的内容不要硬加进去，不要使导语游离于教学内容之外。切记，教学伊始的导语，是完成教学任务的一个必要而有机的部分。

2. 从学生的实际出发

学生是教学的主体，教学内容的质量要通过学生的学习来体现。因而导语的设计要从学生的实际出发，要照顾到学生的年龄、性格特征。不能拿大学的教学内容作为小学课堂教学的导语，否则学生无法接受。

3. 导语要短小精悍

导语的设计要短小精悍，一般两三分钟后就要转入正题，否则就会喧宾夺主。

4. 形式要多种多样

新课导入的方式很多，设计导语时要注意配合，交叉运用。不能每一堂课都用一种模式的导语，否则就起不到激发学生兴趣、引人入胜的作用。

（二）导课的主要特点与功能

不同特点的导课会产生不同的教学功能，具体如下：

1．具有针对性的导课能满足学生的听课需要

其一，要针对教学内容而设计，使导课建立在与所授教学内容存在有机的内在联系的基础上，而不能使之游离于教学内容之外，成为课堂教学的赘疣。

其二，要针对学生的年龄特点、心理状态、知识能力、爱好兴趣的差异程度而设计。

只有满足这两点的导课才具有针对性，从而满足学生的听课需要。

2．富有启发性的导课可以发展学生的思维能力

积极的思维活动是课堂教学成功的关键，所以教师若在上课伊始就运用启发性教学来激发学生的思维活动，必能有效地引起学生对新知识、新内容的热烈探求。

富有启发性的导课设计应注意给学生留下适当的想象余地，让学生能由此想到彼、由因想到果、由表想到里、由个别想到一般，收到启发思维的教学效果。

3．具有新颖性的导课能够吸引学生的注意

一般说来，导课所用的材料与课文的类比点越少、内容越精，越能留下疑窦，越能吸引学生。心理学研究表明，令学生耳目一新的"新异刺激"，可以有效地强化学生的感知态度，吸引学生的注意。具有新颖性的导课往往能"出奇制胜"，但应切忌单为新颖猎奇而走向荒诞不经的极端。

4．具有趣味性的导课可以激发学生的学习兴趣

著名教育家巴班斯基认为："一堂课之所以必须有趣味性，并非为了引起笑声或耗费精力，趣味性应该使课堂上掌握所学材料的认识活动积极化。"

充满趣味性的导课能有效地激发学生的学习兴趣，调剂课堂教学的气氛和节奏，使师生往往在会心的笑声中默契地交流。

俗话说：趣味趣味，要既有情趣，又有意味才好。学生笑过之后，教师应进一步引之深思，方是趣味性导课的上乘佳作。

5．具有简洁性的导课能够节约学生的听课时间

语言大师莎士比亚说："简洁是智慧的灵魂，冗长是肤浅的藻饰。"

这个见解是极为深刻的。课堂教学的导课要精心设计，力争用最少的话语、最短的时间，迅速而巧妙地缩短师生间的距离以及学生与教材间的距离，将学生的注意力集中到听课上来。

（三）导入的构成

典型的导入由以下四方面构成：

1. 集中注意

导入的首要任务是使学生所做的与教学无关的活动得到抑制，迅速投入到新的学习中来，并使之得到保持。

2. 引起兴趣

兴趣是学习动机中的重要组成成分，是求知欲的起点。导入的目的就是用各种方法把学生的这种内部积极性调动起来。

3. 明确目的

在导入的过程中只有使学生明确学习目的，才能把他们的内部动机充分调动起来，发挥他们学习的积极性和主动性。

4. 进入课题

通过导入自然地进入新课题，使导入和新课题之间建立起有机的联系，这样才能发挥导入的作用。

二、教师课堂教学导入设计技能

（一）课堂教学开头的一般形式及设计方法

1. 开门见山

上课伊始，教师用简洁的语言直接点明本节课要讲述的课题，提出具体的学习目标进而开始新课的学习。如："今天我们讲第二章第八节——匀速直线运动的位移，重点研究做匀速直线运动的物体的位移随时间变化的关系。"此法设计方便、操作简单，对刚参加工作的青年教师不失为一种可用方式。使用此法虽能开宗明义，直接步入正题，但由于新课的题目和内容对学生来说是陌生的，如经常使用，学生便会感到枯燥乏味，求知欲不易得到激发，思维难于"上路"，因此一般情况下不宜经常采用。

2．以惑为诱

疑是思之始，学之端。学贵有疑，小疑则小进，大疑则大进。学生探究知识的过程，是在他们本身的"生疑—质疑—释疑"的矛盾运动中进行的。因此上课开始时教师可以提出引人入胜、耐人寻味的问题，创设诱人思考的问题情境，设置悬念，埋伏"陷阱"，以惑为诱，最大限度地利用惑的冲击力以吸引学生的注意力，激发他们的好奇心、求知欲，使其思维处于兴奋状态。

此种方式的开头，一般用于所学内容与学生日常生活紧密相关的新课。这样一来，教师在以学生已有知识或熟知现象为基础的前提下，提出学生似曾相识但欲言不能的问题，吸引他们的注意力，激发他们求知的欲望。比如，初中讲"密度"时，我们可以设计如下一系列问题引入新课："同学们，根据你们的生活经验，请回答是木头重还是铁重？"学生们很容易随口答道："铁重。"再问："讲桌是木头的，圆规是铁的，哪个重？"学生们认为这样的比较不合理，在议论纷纷后会得出：应该用体积相同的木头和铁比轻重，这样才能反映出材料的某种属性，也才符合人们脑子里对物体"轻重"固有的认识。接着，教师再问："用多大的体积比较好呢？都用圆规那么大的体积比较好不好？"他们会说不好，最好要用单位体积来比，从而顺畅地引出"密度"这一概念。上述一连串巧妙设疑，起到了启发学生的思维、增强学生求知兴趣的作用。

3．温故求新

教材有其内在的逻辑关系，新旧知识之间往往存在着有机联系。温故求新式的开头即先复习旧知识，在复习的基础上抓住新旧知识的连接点，再经教师启发、诱导，指明思维方向，顺水推舟，寻求新问题，获取新知识。

与旧知识联系密切的新课内容，与旧知识有某些相似之处并可进行类比的内容，通过复习旧知识可以加深全面理解的新课内容都可采用此种开头方式。

4．观察实验

教师在一堂课的开始不应忽视学生的视觉作用，要充分利用自己精心准备的实验展示自然界奇异的变化过程，用自己制作的投影片与选择的录像带等现代化手段展示一些不易通过实验观察到的新奇现象。据心理学理论，这种刺激的新奇性、醒目性容易唤起学生的好奇心，提高他们的顿悟水平，引起注意、关心和探索行为等。教师通过不同手段（如演示、投影、录像），利用新奇、有悖"常理"、令人费解的现象开头，诱发学生的猎奇心理，使学生观察时像看魔术表演那样全神贯注，从而顺利步入新课的学习。如：讲"摩擦起电，两种电荷"一节时，先用丝绸摩擦过的玻璃棒吸起一个小棉团，接着将其甩开，紧随其后用玻璃棒"指挥"小棉团在空中飞舞。这样的实验现象使学生们惊奇、疑惑：玻璃棒为什么能吸引小棉团？后来为什么又排斥它？有的同学陷入沉思，有的同学在期待。新课开始教与学的"合拍后"必定在接下来的教学中产生良好"共鸣"效应。诸如把覆杯实验、单线触电实验等作为开头使用，都会收到喜人的效果。

5. 激发兴趣

教育心理学研究成果表明："学生意向心理的发展水平决定着物理学习中掌握基础知识与基本技能的效率和效益，也决定着学生的智力和能力的发展水平与速度"。兴趣是意向心理中最活跃、最积极的认知驱动力，是最好的老师。上课开始用几分钟时间，安排一些与本节教学内容紧密相关的趣味活动，在最短时间内使学生处于情绪高、兴趣浓、求知旺的教学主体角色之中。如：用寓意深刻的名人逸事、物理故事为"序曲"，以妙趣横生的语言揭开新课的"序幕"。而且，用从物理学史中精心选择的科学家的趣闻逸事引入新课，除激发学生兴趣外，还会让学生与科学大师们分享成功的幸福和欢乐，从他们的失败中吸取教训，增添对科学的灵感和聪慧，从而坚定科学信念，有助于学生们创造性思维能力的培养。此外，猜谜语、做物理游戏等都是激发兴趣式开头的常用方法。

（二）设计导入时应注意的问题

导入在整个教学中是一个重要的环节，它直接影响学生学习的情绪和效果。在设计导入时要注意以下几个问题：

1. 导入要与教材内容和学生的特点相适应

教师设计导入时一定要根据教学内容；所设计的导入方法要具体、

简捷，用尽可能少的语言说明课题要学习的内容、意义和要求；一开始就把学生的思路带入一个新的知识情境中，让学生对要学习的新内容产生认识上的需要。如果忽略了这些，使导入与内容脱节，那么不管导入多么别致、精彩、吸引人，都不可能产生好的教学效果。所以，设计导入时，要从整体上考虑教学内容。导入只是一个开头，从课堂结构的角度来看，它的作用是为教学打开思路。如果脱离课堂整体，再精彩的导入也会失去它应起的作用，是不可取的。

2．导入要有启发性

导入要对学生接受新内容具有启发性，以便使学生实现知识的迁移。教师要通过浅显而简明的事例，使学生得到启发。这种富有启发性的导入能引导学生去发现问题，激发学生解决问题的强烈愿望，调动学生思维活动的积极性，促使他们更好地理解新教材。启发性的关键在于启发学生的思维活动。而思维活动往往是从问题开始，又深入问题之中，始终与问题紧密联系。学生有了问题就要去思考、解决，这便为学生顺利地理解新的学习内容创造了前提条件。它能使课堂教学获得好的教学效果。因此，导入能否引起学生的积极思维，能否使学生创造出思维上的矛盾冲突，能否使他们产生新奇感，是导入成败的关键所在。

3．导入要有趣味性

设计导入要做到引人入胜，使教材内容以新鲜活泼的面貌出现在学生面前。这样能最大限度地引起学生的兴趣，激发他们的学习积极性，有利于引导和促进学生去接受新教材，防止学生产生厌倦心理。

心理学研究表明，如果强迫学生学习，学生是不会把所学的东西保留在记忆里的。如果学生对所学的内容感兴趣，他就会拥有主动、积极和自觉的心态，学习时轻松愉快，不会产生心理负担，学习效率自然会高。因此，教师精心设计的有趣味性的导入使学生处于渴望学习的心理状态，可引发学生的思考，使他们以最佳的心理状态投身到学习活动中，为整个课堂教学过程打下良好基础。

4．导入要考虑语言的艺术性

要想使新课一开始就扣动学生的心弦，激起学生思维的浪花，像磁铁一样把学生牢牢地吸引住，就需要教师讲究导入的语言艺术。语言艺术的前提是语言的准确性、科学性和思想性。同时，还要考虑可接受性，不能单纯地为生动而生动。所以设计导入时要根据导入方法的不同，采用不同的语言艺术。

如果导入选用为创设情境，教师的语言应该是富有感染力的。无论是讲解科学成就，还是对唯心主义的批判，教师语言的情感色彩都应该十分鲜明。也就是说，教师的语言既要清晰流畅、条理清楚，又要娓娓动听、形象感人，使每句话都充满激情的力量。这样的教学语言，最能拨动学生的心弦，使他们产生共鸣，激起他们强烈的求知欲和进取心。

如果导入选用直观演示、动手操作等方法，教师的语言应该是通俗易懂的，富有启发性、无论是对实物演示的说明，还是对学生操作的指导，教师都应该选用恰当的词句，准确简洁地表达出教材的内容。运用这样的语言能启发学生的思维，吸引他们的注意力，调动他们的积极性，使他们从中发现规律，更好地探求新知识。

如果导入选用审题或联系旧知识的方法，教师的语言应该清楚明白，准确严密，逻辑性强。特别是在讲授一些重要的、容易混淆的概念时，语言的准确是十分重要的。严密、准确的语言，有助于学生"由此及彼""由表及里"地去推想，便于学生正确地掌握新教材的内容，提高课堂教学效果。

如果导入采用巧设悬念的方法，教师的语言应该富有启发性，发人深思。这样的语言能激发学生深思，激活他们的思维，调动他们的求知欲。

总之，无论采用哪种导入的方法，教学语言都要确切、精炼，有画龙点睛之妙；应该朴实，通俗易懂，实事求是。除此之外，教学语言还要生动活泼、饶有风趣，给人以幽默感。

（三）课堂起始设计的四个根据

起始的类型是多种多样的，但起始的设计原理却是应当统一的。绝不可为了使学生产生兴趣而离题万里，也不可耗费相当多的"笔墨"而冲淡教学。起始设计的内容不能脱离教材；起始设计的目的在于激发学生的学习兴趣；起始设计的范围是学生能感知体验到的自然现象、社会实践或未知的、新颖的东西。课的起始设计应该是将本节的教材内容与颇有情趣的事例紧密结合，根据教学目的、内容要求来选择设计最恰当、最生动的起始形式，即在课的起始就设置"悬念"，埋下"伏笔"，使学生始终处在注意力集中、思维活跃、乐趣无穷的状态之中。起始设计可以根据下列四个方面：

1. 课的内涵

备课时先将本课的全部教学内容经过比较、筛选，抽出有概括意义的一个或几个问题，再与学生熟知的或似知非知（知其然而不知其所以然）的事例联系在一起，设计出具有"独出心裁"的新内容。

2. 课的外延

每节教材内容都有其丰富而广阔的外延，都涉及许多方面的知识，与许多事物相关联。因此，课的起始设计，可以从"外围"打开"缺口"。

3. 课的中心

每节课的教学内容都有重要的和一般的、重点的和非重点的之分。课的起始设计，可以抛出重点的问题，使学生对此有深刻的印象，并以此为主线。

4. 课的衔接

课与课之间存在着内在的、必然的联系。有时在课的起始，既要巩固已学的知识，又要为新课的讲解做导入，即设计出具有承上启下作用的起始内容和起始方式。

第二节　教师教学评价技能

一、教学评价概述

评价作为一种现代技术已广泛应用于各个领域，如：经济领域中的建设项目和效益评价，科技领域中的人员测评等。在科学评价中，评价是指对某事物的价值给予科学的判断。

教学评价是指依据教育方针、一定的教学目标和教学规范标准，利用所有可能的评价技术对教学效果和教学目标的实现程度等做出价值上的判断，以期改进教学工作。理解这个概念时，要注意以下问题：第一，教学评价是以教育方针、教育目标为依据的；第二，教学评价是一个过程，它包含着一系列的步骤与方法；第三，教学评价是教学工作的一个重要组成部分，直接作用于教学活动的各个方面；第四，教学评价的最终目的是用一定的价值标准对学校的教学情况进行价值判断，以改进今后的工作。

教学评价和教育评价既有联系，又有区别：教学评价是教育评价的一个重要方面，是构成教育评价的主要部分和基础。教学评价的对象在教学领域，它主要对教师的备课、上课、作业批改、课外辅导、课外活动等工作，教学成果及学生学习情况进行评价。而教育评价是以教育的全部领域为对象，它涉及教育的一切方面。从外部看，教育与政治、社会、经济、文化等的关系都需要评价；从内部看，教育体系、课程设置、教育内容、教育目标、教育方法、教育管理、教育质量、教师、学生等都需要进行评价。从教育评价的层次上看，根据教育现象的不同，教育评价可分为宏观评价（以某一地区或一个国家的教育为对象）、中观评价（以一个学校的办学水平和教育质量为对象）、微观评价（以一个学校内部的教育、教学、管理等为对象）三个层次；教学评价主要是一种中观和微观的教育评价。

　　教学评价是整个教学工作的一个重要组成部分，所涉及的内容也很广泛。它不仅体现在对教师与学生的评价，对具体的课堂教学过程、教学设计、教学手段、教学方法、教学内容等的评价，还涉及对与教学活动和教学效果紧密相关的教学管理、教研室建设、办学水平等情况的评价。

二、教学评价的功能

（一）导向功能

　　党和国家的教育方针，课程计划规定的学校培养目标，各科教学大纲规定的教学目的、任务、内容，是教学评价的基本依据。它们是通过教师的教和学生的学的具体活动实现的。在评价过程中，要先把师生的活动分解成若干部分，并制订出评价标准。再根据这些标准判定师生的活动是否偏离了正确的教学轨道、教育方针和教学目标，有无全面完成各科教学大纲规定的目的和任务，从而保证教学始终沿着正确的方向发展。教学评价有利于各级各类学校端正教学指导思想和办学方向。

（二）鉴别和选择功能

　　教学评价可以了解教师教学的效果、水平、优点、缺点、矛盾和问题，以便对教师考察和鉴别。这有助于学校和教育行政领导决定教师的聘用和晋升，有助于在了解教师状况的基础上安排教师的进修与提高。教学评价能对学生在知识掌握和能力发展上的程度做出区分，从而分出等级，为升留级、课程选择、指导学生职业定向提供依据，为选拔、分配、使用人才提供参考。同时，教学评价也是向家长、社会、有关部门报告和阐释学生学习状况的依据。

（三）反馈与激发功能

　　教学评价能使教师和学生知道教学结果，及时地提供反馈信息。反馈信息在教学中具有重要的调节作用。信息工程学表明，只有通过反馈信息来调节行为，才有可能达到一定的目标。教师获得教学评价的反馈信息，能及时地调节自己的教学工作，了解自己的教学方法和教学过程组织中的某些不足，诊断出学生在学习上存在的问题与困难；能使教师明确教学目标的实现程度，明确教学活动中所采取的形式和方法是否有利于促进教学目标的实现，从而为改进教学提供依据。学生获得反馈信息能加深对自己当前学习状况的了解，确定适合自己的学习目标，从而调整自己的学习。

此外，教学评价还能起到激发学生学习动机的功能。研究表明，经常对学生进行记录成绩的测验，并加以适当地评定，可以有效地激发并调动学生的学习兴趣，推动课堂学习。

（四）决策功能

科学的教学评价是教学工作决策的基础。只有对教学工作有全面和准确的了解，才能做出正确的决策。例如，1981年美国教育部组织了一次历经18个月的教育评价活动。该活动对教学方面的评价明确指出：由于学校课程平淡，学生学习时间短，鼓励学生学习的措施减少，教学质量下降，培养出越来越多的庸才。这个评价结果，在美国引起了强烈反响，许多州对学校教学进行了决策，采取了以下措施：提高教学要求，延长学生学习时间，改革课程设置、教学内容和方法，有计划地培训教师，提高教师水平。实践表明，任何科学的教学决策都是建立在教学评价提供的具有说服力的评价结果基础上的。

（五）强化功能

教学评价可以调动教师教学工作的积极性，激起学生学习的内部动因，维持教学过程中师生适度的紧张状态；可以使教师和学生把注意力集中在教学任务的某些重要部分。实践证明，适时地、客观地对教师教学工作做出评价，可使教师明确教学中取得的成就和需要努力的方向；可促使教师进一步地研究教学内容、教学方法，以提高自己的教学水平。对于学生来说，教师的表扬、鼓励与学习成绩测验等，可以提高他们学习的积极性和学习效果。同时，教学评价能促进学生根据外部获得的经验，学会独立地评价自己的学习结果，即学会自我评价。自我评价有助于学生成绩的提高。

（六）竞争功能

教学评价尽管不要求排名次，但其结果的类比性是客观存在的。如：通过对学生的学习成果的评价，能在任课教师之间、学生之间、班级之间、学科之间形成横向比较，从而让师生看到自己、本班、本学科的优势和劣势，认识到自己在总体中的相对地位，客观上能起到竞争的作用。

三、教学评价的原则

原则是客观规律在人们头脑中的反映，它是指导人们行动的准则。教学评价原则是指在进行教学评价时评价者必须遵循的基本要求。

（一）方向性原则

教学评价必须以党和国家的教育方针，国家颁布的课程计划、教学大纲，国家正式审定的教材为依据，使教学坚持正确的方向，促进学生的全面发展。对教学各个环节的评定、考核，要体现出相应的教学目标要求。对教学的评价要全面，既要评价知识、技能的掌握情况，又要评价智能发展和思想道德水平的提高情况；既要评价教师在课堂教学中的表现，又要评价学生的参与情况；既要评价教学是否面向全体学生，又要评价是否全面完成了教学大纲规定的教学任务与达到了课程计划中规定的培养目标。总之，教学评价必须坚持正确的方向。

（二）科学性原则

教学评价必须具有可信度与可靠性，必须建立在科学的基础上，有充分的科学依据和科学方法。教学评价要以正确的教育思想和教学理论为指导，遵循课堂教学的规律、原则，适应深化课堂教学改革的要求和各学科的特点。在建立教学评价指标体系时，要有相应的理论依据，每个指标项目要有相对独立的、准确的科学含义。在确定各项指标的评价标准时，要考虑到指标本身的科学内涵和操作的方便实用。教学评价的方法要力求科学、完整。在评价过程中，要根据教学的目标与管理要求，注意从教学过程入手，对教学的计划设计、备课上课、批改作业等方面进行评价。在评价信息的搜集、处理上，要力求全面、客观、公正，注意其可靠性和合理性。只有坚持科学性原则，反对形式主义，教学评价才能真正起到评价的作用，调动教师教学的积极性、主动性和创造性，提高教学质量。

（三）客观性原则

教学评价必须采取客观的、实事求是的态度，要客观地反映被评价对象的真实价值，不能主观臆断或掺杂个人感情。在编制评价指标体系时一定要进行深入的调查研究，广泛征求教师的意见，使评价指标体系尽可能准确地反映教学实际情况。在评价过程中，评价者要熟悉评价指标体系和指标的界定，并严格按标准实施。确定评价标准时，不能为了照顾某个评价对象，把不应列入的条件列入；也不能为了排斥某一评价对象，把不应列入的条件列入。标准一旦确定，任何人都不能随意改动。要知道，如果教学评价是客观的，就会激发师生的教与学的积极性；如果教学评价不是客观的，就会挫伤师生的积极性。因此，客观性原则对于教学评价至关重要。

（四）整体性原则

教学是教师的教与学生的学的双边活动，也是促使学生的知识、能力、智力、品德发展的过程。构成教学过程的诸多因素（如师生、教材、设备等），不仅各自发挥作用，而且相互关联、相互影响，形成整体的功能。因此，教学评价时要注意影响教学质量的诸因素以及它们之间的关系，要抓住主要矛盾，全面系统地进行分析评价。在确定指标时，要从整体出发，分析各个因素在教学过程中的地位和它们之间的关系，根据它们在教学过程中的作用及其效应确定指标及其权重。在评价时，要注意教与学、传授知识技能与能力的提高和智力的发展、教学与教育这三种主要关系处理得是否恰当，还要注意教学安排是否符合学生的认识规律与教师、学生、教材、设备之间的关系是否达到了整体优化。

（五）目的性原则

目的性原则是指在进行评价时必须有明确的目的。每一次评价一定要有具体目的，不能为评价而评价。评价的具体目的决定着采用什么样的评价标准，也决定着评价的具体做法。另外教学是一种有目的的活动，所以评价绝不能随心所欲，愿意评什么就评什么；也不能愿意怎么评就怎么评。如果评价的目的在于增强教师的责任感，在评价时，无论是标准的选择，还是评价过程的掌握，都应突出职责标准。如果评价的目的在于了解学生对知识的掌握情况，那么评价标准与评价过程都应突出这一方面。

（六）可行性原则

教学评价要从当地教学实际情况出发，评价的内容、方案、指标、方法等都要符合当地的具体条件，确保能够实行。在编制评价指标体系时，要充分考虑当地实际教学水平：过低，起不到评价的激励作用；过高，会使教师失去信心和兴趣。评价的方法要简便易行，能被教师、教学研究人员和学校领导理解、掌握。

（七）评价和指导相结合原则

评价是按照一定的原则、标准对评价对象已完成的行为做出肯定或否定的判定，使被评价者从中受到启发和教育。指导是评价的继续和发展，它把评价的结果上升到一定的理论高度加以认识，并根据评价对象所具有的主客观条件，从实际出发，使评价对象能掌握自身在今后一个时期内发展的方向。从教学管理上讲，有对教学问题的评价，就有对教学问题的指导，否则评价就失去了意义和价值。从评价到指导，再从指导到评价，循环往复，是提高教学质量、保证教学沿着科学性轨道发展的关键。所以，教学评价一定要坚持评价和指导相结合的原则。

（八）自评和他评相结合原则

教学评价的根本目的是提高教学质量。因此，把评价的标准、原则、方法交给师生，让他们在教学实践中经常地进行自我评价，会不断地改进师生的教与学，有利于提高教学质量。教学评价要让师生坚持在自评的同时重视他评，这样可有针对性地对某一教学问题进行专门评价，能准确地发现教与学的优缺点，有利于明确今后的努力方向。

四、教学评价标准的制订

教学评价的标准是什么，怎样确定教学评价的标准是教学评价的核心问题。

（一）教学评价标准的含义与特征

教学评价标准是对教学质量、教学工作要求的具体规定，是衡量整个教学工作的尺度。教学评价标准制订得恰当与否，对于教学评价工作的成败，对于整个教学工作的成败都具有极大的影响。

教学评价标准具有三个特征：一是完整性，即各项指标互相补充、取长补短，共同构成一个完整的整体；二是协调性，即评价的各项指标之间在相关的质的规定方面互相衔接、互相一致，反映了标准的统一性与和谐性；三是比例性，即各种具体标准之间存在着一定的数量比例关系，反映了标准的量的统一性和配比性。

（二）教学评价标准的结构

教学评价标准由以下三部分组成：

1. 效果标准

效果标准就是从教师教学工作效果的角度确定的评价标准。一般来说，应包括以下七个方面：

（1）教学目的的确切性；

（2）对学生学习积极性的促进性；

（3）对学生能力培养的重视性；

（4）教学方法的有效性；

（5）语言表达的流畅性；

（6）传授知识的系统性；

（7）寻找重点、难点的准确性。

2. 职责标准

职责标准主要是从评价对象所应承担的责任和完成任务的情况的角度确定的评价标准。如：评价教师的教学工作时，可对其备课、授课、作业、课后辅导等职责的履行情况进行评价。

3. 素质标准

素质标准是从评价对象承担和完成各种任务时应具备的条件的角度提出的评价标准。如：评价一个教师的教学情况时，除了效果和职责标准外，还要看他的素质如何。作为一个教师，要有较高的政治、道德修养，渊博的专业知识和一定的教育、心理学知识，较强的教学能力、表达能力，热爱学生、教育事业，等等。

（三）制订教学评价标准的基本要求

制订教学评价标准时，要遵循下列基本要求：

1. 方向性

制订教学评价标准时，必须遵循党和国家的教育方针、有关教学工作的文件、政策，使教学坚持正确的方向。

2. 科学性

教学评价标准的制订，要反映教学理论和教学规律的要求，要按规律办事。制订教学评价标准时，要研究与教学过程的本质、教学原则、教学方法等有关的理论，这样才能认清评价标准所包含的具体内容；还要遵循各学科教学的基本规律。

3. 先进性

教学评价标准要体现时代精神，符合党和国家在当前的情况下对教学提出的要求。制订评价标准时，要考虑教学改革中出现的新概念、新思想、新方法、新经验所代表的教学发展的方向。同时，要注意横向比较，要参考国外和国内外地、外校的经验，使标准具有先进性。

4. 激励性

激励是由人的希望、需要、动力等构成的一种内心状态，它能使人产生巨大的积极性，从而改进工作，提高工作质量。所以制订教学评价标准时要考虑它的激励作用。

（四）制订教学评价标准的步骤

制订教学评价标准主要包括四个步骤：

1. 对评价目标进行分解

制订评价标准时首先要对评价目标进行恰当的分解，使分解出来的各个项目的内涵应当明确，外延应当清晰。分解目标时还必须有整体观念，要全面分析，既要注意表面的、看得见的因素，也要注意看不见的潜在因素。

2．对评价的具体标准、指标进行筛选归类，分出层次

对评价目标进行分解后，要广泛调查研究，收集评价要素。然后，对收集起来的要素进行分析比较，删除不能反映本质的要素，合并同类的要素，筛选出反映教学活动本质特征的评价指标。再按照教学大纲的要求和指标间的内在逻辑关系，对筛选出来的指标进行归类，分出有从属关系的不同层次。

3．对拟订的评价标准进行讨论，征询意见

评价标准拟订以后，要组织有关人员进行讨论、审议，对标准的方向性、全面性、可行性、科学性等内容进行探讨、议论，充分听取大家的意见与建议。

4．试行与修订

草拟的评价标准经征求意见与修改后，应选择有代表性的学校试行。试行之后，根据试行中提出的问题，再对评价标准进行修订。修订包括对评价项目、等级的增减、合并，也包括对评价方法的调整。

（五）教学评价标准制订的几种方法

1．分段式

这种方法是将教学评价的每项指标分为若干等级，把指派到该项指标的分数（含权重）等距离地分配到各个等级中，然后再把每一等级的分值划分为若干个小档次。这种方法简便易行，能较好地反映被评价对象间的差异。

2．期望评语式

这种方法是对评价中的每项指标用期望式的语言加以描述，然后根据不同等级分配不同的分值。这种方法的特点是首先提出理想的标准，然后按与其距离的远近逐级评分。

3．积分评语式

这种方法是在对评价标准用语言阐述的基础上，将每项具体标准按其情况确定一个分值，并将这个分值分配到每一个更具体的评价目标要求中，这些具体的目标分值的总和应和该项目的总分相等。这种方法的特点是层次清楚，标准具体、明确，简便易行。使用此种方法，要注意标准、

目标分解的科学性与合理性。

4. 期望行为式

这种方法的特点是标准明确、具体，且都有定性描述或定量数值要求。采用这种方法时，要注意明确指标的内涵，把握指标所反映的具体内容及其深度和广度；要明确指标的最高和最低等要求，并用相应的词语概括出来，词语的选择要力求准确、科学、稳妥，具有一定的客观性和可接受性。

5. 隶属度式

这是以模糊数学中隶属度函数为标准来制订评价标准。其标准内容可以是积分评语式的，也可以是其他评语式的。它是通过相当于该等级的"多大程度"来进行评价的。

第三节　教师电化教学技能

一、电化教学概述

电化教学就是教师在进行教学活动的过程中，合理地运用现代教育媒体，并与传统的教育媒体相结合，有目的地传递教学信息，充分发挥学生多种感官的功能，以取得最佳的教学效果。

学校电化教学是以视听教学为主体的，目前主要就是运用现代的电器视听设备、光电设备和资料作为传统教学的辅助手段，但是它在各种教学过程中的地位是不一样的，比如在展示实践环节、运动过程、直观形象的教学中占有极大的优势；使用语言实验室进行外语教学犹如一种先进的交通工具，让教学如虎添翼。

总之，电化教学的目的是在一定的教育目标指导下创造、设计和应用各种电化教学的手段以达到教育最优化的效果。电化教学包含两个要素：一是电教工具，二是电教工具在教学中的应用。电教工具又包括两个方面：硬件和软件。硬件是指各种电教设备仪器。软件是指各种电教教材，如：录音磁带、录像磁带、幻灯片、投影片、电影片、激光视盘等。电化教学的结构体系是教师、电教工具、受教育者三位一体的完整结构体系：教师是电化教学的主导，电教工具是完成电化教学的手段，学生是电化教学的承受者。电化教学不仅是一种教学手段，而且是一门综合性的新兴学科：制作电教教材是文学、工作技术学、教育心理学、光学、美学等各种社会科学和自然科学的综合运用。

二、电化教学的形式

（一）投影、幻灯教学

作为电化教学手段投影和幻灯片，在教学活动中的应用，不论是在大学还是在中小学，都是最为普遍的。投影、幻灯教学的共同特点在于，它们都主要作用于学生的视觉器官，把教学内容以画面的形式演示给学生，使其提高注意力。它们能给学生提供大量的色彩鲜明、真实、生动的视觉形象，有利于学生加深对教师传授知识的印象，方便教学。以投影仪为例：传统的黑板板书、知识结构图、各种表格它都可以反映；在透明的塑料薄膜上写字，或直接运用各种透明的画片反射到白色幕布上，效果比黑板要好得多；图像有色彩、清晰并且可大可小，这就方便了教师教学，加快了教学速度；操作简便，使用效率高；制作方便，取材广泛。

利用投影和幻灯片进行教学是提高教学质量的重要手段之一，它们花钱少，见效快，易于推广。不仅数理化、生物、地理能用，而且语文、外语、历史也都能用。

（二）电视录像、电影教学

电视录像和电影教学是较高级的电化教学形式。由于受经济条件的制约，在许多中小学校还不能很快普及应用。电视录像和电影教学的共同特点是视听并用，能充分地发挥学生感官的作用。它们是综合性的教学媒体，能表现图像、文字、图表、符号等视觉信息，同时又能表现语言、音乐和其他音响等听觉信息。它们是一种形象化的教学媒体，能真实地再现客观事物，并能以形象的方式展示客观事物，有助于把复杂的、难以理解的事物变成简单的、容易理解的事物。它们的艺术性很强，能激发人的情感，使人产生美的感受。尤其是录像教学操作灵活多样，可以根据教学内容的需要，进行重放、慢放、快放、画面静止等。

总之，利用电视录像和电影进行教学，生动直观，视听结合，灵活再现，更富有教学感染力，更能加深学生对知识的理解、记忆，有利于提高教学质量；教学效率高，可以增大单位时间内的教学信息量，有助于提高教学效率。

（三）闭路电视教学

闭路电视教学有一套完整的闭路电视系统（就是有线电视系统），这包括摄像机、录像机、调制器、放大器、显示器等设备。放映员根据教师教学内容的需要在播放控制室里放映录像教学片，或者是教师在演播室里讲，学生在教室里收看。这种教学方式是一种很先进的电化教学手段。由于所需费用较高，目前只有一些大学和少数中小学使用。

闭路电视教学除具备电视录像教学的特点外，还有一个很重要的优点，就是一个教师讲课，可供一个班、几个班、一个年级，甚至全校的几十个班的学生同时听课。这种教学手段既节约教师资源，又保证了教学质量，使更多的同学能够听到优秀的教师讲课。因为课堂教学中教师是关键，而在绝大多数的课程尤其是文科、外语等中，教师起着决定性的作用，所以选好讲课教师十分重要。许多理工科课程也是这样：如果教师讲得好，学生听课之后就把问题基本解决了。

（四）语言实验室教学

语言实验室是综合利用电化教学设备进行语言教学时极为有效的、先进的工具，为训练学生的听、说能力和语言技巧创造了良好的物质条件：语言实验室给学生提供了一个比较安静的环境，使学生能集中精力进行听、说练习活动，能给学生提供大量的标准录音，帮助学生掌握所学语言的语音、语调和讲话速度。学生既能自己掌握速度又能单独进行实践活动，并按照自己的水平需要挑选听力材料，反复放、反复听。语言实验室既能进行集体教学，又能进行个别教学。在语言实验室上课比在一般教室内上课时高声朗读的办法效果好，学生容易集中精力又节省时间。每个学生都能享受单独教学的最大益处，可利用全部的时间学习，而教师可把精力集中在分析、判断和纠正学生的错误上。这有利于提高教师课堂教学和学生学习的效率。

（五）计算机辅助教学

计算机辅助教学是现代高科技技术成果在教学中的应用，是电化教学的高级形式。计算机辅助教学不是指讲解计算机的原理、应用和编制程序，而是指利用计算机作为电化教学手段，帮助教师进行课堂教学和管理。计算机辅助教学有如下几个特点：

1. 适应面广、效率高

计算机辅助教学能同时指导大量学生进行阅读或听课，甚至进行对话和讨论，因而比其他教学手段的适用面更广、效率更高。

2. 因材施教、个别教学

计算机能给每个学生不同的学习程序，以适应各自的学习情况，为因材施教开辟了新途径，尤其是对成绩差的学生的效果更明显。

3. 方法灵活

计算机能以更多的方式向学生提供刺激：如语言、图像等。计算机还能对信息进行存储、加工和检索。

4. 感性

计算机能在短时间内模拟提供丰富的感性知识，不仅帮助学生理解概念，而且提供了在日常条件下不易获得的直接经验，培养学生的某些技能。

计算机辅助教学主要是利用计算机的逻辑判断、信息储存能力以及高度自动化的程序，控制输出端，完成教学任务。如：控制程序教学机按程序演示教学课程，控制电视机提供学生所要求的图像，等等。

三、电化教学的特点

（一）知识结构的综合性

电化教学涉及的学科知识领域非常广泛，包括社会科学、自然科学、信息科学、文学艺术等。依靠单一学科的知识，是搞不好电化教学工作的。如：电视录像教学在表现形式上需要很高的文学、戏剧、音乐、绘画等多种艺术修养，在制作和放映的过程中又需要懂得运用摄像、编辑、录音等多种专业技术知识。可见，在开展电化教学过程中，要制作各类电教教材，就需要懂得摄影、摄像、录音、洗印、灯光、编辑、文字、戏剧、音乐、绘画、播音等多种专业技术和许多文学艺术学科，还需要懂得教育学、心理学、传播学等理论知识，具备丰富的实际教学经验；要使用各种电教设备，就要懂得设备的基本结构原理和操作技术，需要掌握电子学、物理学等学科知识。

（二）电教媒体的电子化和形声化

电化教学使用的各种电教设备基本上是电子化的产品。如摄像机、录像机、编辑机、计算机、语言实验室、激光视盘机等都利用了现代先进的电子技术和自动化技术。

电化教学使用的各种电教教材都是视听教材，如：视觉教材有幻灯、投影等；听觉教材有录音、唱片等；视听结合的教材有电视录像、激光视盘、有声电影等。这些教材的特点都是利用图像和声音来表现教学内容，而教学内容通过电教媒体来传播，图文并茂，声、色、情、意直接诉之于学生的感官，感染力强，有利于加快、加深学习者的感知和理解。

（三）表现力强，手法多样

电化教学的各种教学手段，具有丰富的表现力。电化教学手段不受时间、空间的限制，所以教师可以根据教学内容和学生的具体情况，选用不同的电化教学手段，如：幻灯、录音、电影、电视、激光视盘等。电化教学艺术表现手法多样（如：编辑、特技、全景、中景、近景、特写以及镜头的推、拉、摇、跟、移等），可从各个角度来表现事物的空间特征、时间特征和运动特征。电化教学可以对所讲的内容中涉及的事物在大与小、近与远、快与慢、动与静、虚与实之间互相转化，把事物的现象、变化过程、彼此间的联系生动形象地再现于课堂上，便于学生仔细观察，充分理解。

（四）适用性广泛

电化教学具有广泛的适用性。它不仅适用于理工科教学，也适用于文科和艺术类教学；不仅适用于大学课程教学，也适用于中小学课程教学；不仅适用于小班教学，也适用于大规模的集体教学。

（五）教学手段的先进性

电化教学是将现代科学技术成果运用于教育、教学过程中来培养人才的一种手段，它的最终目的是提高教学质量和效率，扩大教学规模，取得最佳的教学效果。

四、电化教学的方法

电化教学方法是指在教学过程中，利用电教媒体，并与传统媒体恰当配合，传递教学信息，进行教学活动所采用的工作方法。根据媒体特性、所用感官、依据的学习理论、要求达到的教学目标等因素，通常使用电教媒体进行教学活动的电化教学方法有媒体辅助教学法、视听媒体播放教学法、程序教学法、微型教学法、成绩考查法等。

（一）媒体辅助教学法

媒体辅助教学法是以传统的教学方法为主，在教学活动中，根据教学内容的需要，利用电教媒体给学生提供感性材料，说明某一现象或某一过程的教学方法。也就是说，它让电化教学和传统教学并存，在传统教学占优势的情况下，把传统教学的讲解法、谈话法、实验、实习、参观、练习等和电化教学的视听结合起来。它是当前常用的一种教学方法。这种教学方法的特点是教师与学生进行面对面的信息交流，能够进行思想感情的沟通，及时获得反馈信息，调整教学内容和进度。运用这种教学方法时，要做到：电教媒体应用要适时、适量，符合教学过程和学生认识的规律；讲解恰当、画龙点睛。

（二）视听媒体播放教学法

这种教学方法是指利用幻灯、电影、电视录像进行课堂教学（称为"课堂播放教学法"和利用闭路电视、广播电视、卫星转播电视、无线电广播等进行大规模教学称为"远距离播放教学法"）。

1. 课堂播放教学法。此种方法是指利用幻灯、电影、电视录像的画面和声音代替教师进行课堂教学。在这种方法中，教师的作用是组织教学。使用这种教学方法时，在媒体播放前，教师应给予学生必要的指点、引导和提示，如：告诉学生播放的是什么内容，重点在什么地方以及目的和要求是什么，等等。这种方法主要用于复习课：补充说明已学过的教学内容，或播放与教学内容相关的知识，扩大学生的视野，增强教学效果。

2. 远距离播放教学法。此种方法是指教师间接利用电教媒体向学生传递教学信息。这种教学方法的主要特征是教师与学生之间缺乏面对面的交流。其教学方式主要有两种：一是利用广播媒体大面积传递教学信息（称为"广播法"），二是利用各种能储存教学信息的媒体组织各种教学活动（称为"重放法"）。广播法目前常用的形式有无线电广播教学、有线广播教学、闭路电视教学、广播电视教学、卫星转播电视教学等。它可以是现场直播，也可以先编制好电教教材，然后按计划播放。这种教学方法能节约师资，充分发挥高水平教师的作用，扩大教学规模，便于个别学习。但要注意加强联系和地区性的组织辅导工作，以解决学生学习上的困难和调整教学内容与教学进度。重放法使学生可通过电教教材的重放，学习教学内容，其内容和时间由学生自己选定。要使用这种方法，必须具有电教设备和电教资料。

（三）程序教学法

程序教学法是指教师根据一定的教学理论，把教材内容分解成许多小的项目，并按照一定的教学规律排列起来，构成程序教材。程序教材是通过教学机器呈现出来的，其中每一项目都提出了相应的问题，要求学生做出回答反应或选择反应，然后给予正确答案，并加以核对。若核对无错，便自动进入下一个项目的学习。

设计程序教学教材时，必须先对教学目标、学生的学习任务、学生学习所需经历的过程以及教材、媒体、环境条件等进行分析。然后，要在教学中进行试验，找出问题并获得反馈信息，以便补充和修改教材，使之更符合教学的需要。

学生可以通过程序教材的学习，掌握每一段落及全课程的教学内容，还可以检查自己对所学知识的掌握程度，以便及时调整学习方法和进度。

程序教学法有以下几个优点：学生思维处于高度的活跃状态；进行每一步都要进行信息交流，发挥了学生的主观能动性；能及时强化；错误率小，增强了学生学习的信心；程序教材由经验丰富的教师或专家编制，便于大面积推广。

（四）微型教学法

微型教学的创始人艾伦和瑞安对这种电教方法下过描述性的定义："微型教学是一种方法和工具的结合，它特别适用于师资的培养。所谓方法，就是把教育的活动分解为一系列的行为和技能，并对它们加以辨认、观察、尝试和掌握。所谓工具，就是运用录像技术，使人们对它的技能做深入研究，并使人们得到自我观察。对于教师来说，它是必不可少的最佳的反馈工具。"

实际上，微型教学就是借助现代化教学设备（如摄像机、录像机等），旨在训练师生或在职教师的教学技能的一种小型教学尝试。它一般是在一个装有摄（录）像设备系统的特殊电教室里进行的：教师在很短的时间内，面对几个学生，进行教学，教学情况通过电教设备记录下来，供本人和别人观看与共同分析教学的优缺点。这种教学方法，有利于教师发扬优点、克服缺点，并较快地提高教学技能。因这一教学活动的学生少、时间短，只训练一种教学技能，所以被称为微型教学。

微型教学法，对体育、戏剧、舞蹈、艺术等专业的学生的掌握技能、技巧的训练也能发挥良好的作用。

（五）成绩考查法

考查学生所掌握的知识与技能，是教学工作的重要环节。利用现代化教学手段进行考查，既迅速、及时又准确。这一方法有以下几种类型：

1. 课堂问答分析法

对教师提出的问题，应用电子技术设备装置起来的问答分析器，全班同学都可以在自己座位的按键上做选择性回答。教师讲台边的显示器能迅速显示出学生回答的对错、答对的总数与百分比、答错的类型与总数等，甚至可显示出回答问题的快慢。应用这种方法，教师能及时根据检查结果，调节教学的内容和进度，以提高课堂教学质量。这种方法，要求教师在备课时拟定好提问的题目和正确答案以及三四个错误答案，供学生选择应答，且错误答案要有代表性和典型性。

2. 声像记录分析法

利用录音、录像的方法，把学生的阅读技能、操作和动作性的技能进行记录之后，做细致的分析，能准确评定学生技能方面的成绩。

3. 计算机考查法

计算机在学生成绩考查方面的应用是多方面的。它在提供试题、评卷、统计分数、成绩分析以及技能的考核等方面，都能理想地进行工作。

五、电化教学的原则

电化教学是从传统教学中发展起来的一种特殊形式。一般教学原则对电化教学也具有指导作用，因为一般教学原则是教学普遍规律的概括和实践经验的总结。那么，什么是电化教学的原则？电化教学的原则就是在教学过程中，运用各种电教媒体，并利用系统方法控制教学过程中的各种信息，以实现最佳的教学效果所必须遵循的基本要求和指导原理。电化教学原则和一般教学原则一样，也是在教学实践过程中概括总结出来的。电化教学的原则对电化教学工作的实践有指导意义，包括教育者的活动，教学的目的、内容、教法和组织形式的选择与应用，激发受教育者的学习动机，加强受教育者对教学内容的感知、理解、巩固和运用，等等。它们指导着电化教学的全过程，直接影响着教学效果。只有正确地贯彻这些原则，才能取得最佳的教学效果。

（一）目的性原则

电化教学要有明确的教学目的。在教学中，为了使学生的认识和行为产生预期的变化，必须根据教学要求和对象，依照教学内容的重点和难点，确定使用不同的电教媒体，要明确需要解决的是学生学习过程中哪个方面或者哪个环节的问题。

在运用电教手段时，应考虑教学的任务和要求是什么，确定进行电化教学的具体目标。例如：是为了激发学生学习兴趣，调动学生学习积极性，还是为了解决某一重点、难点问题；是为了提供感性材料以弥补学生已有经验的不足，还是为了揭示事物发展变化的内在规律；是为了帮助学生理解、加深印象、促进记忆，还是为了使学生运用已学过的知识；是为了扩大学生的知识面、丰富教学内容、启发他们的想象力，还是为了培养某方面的技能、技巧；是为了提高教学效率，还是为了扩大教学范围和规模；等等。制订的教学目标要适中，既不能过高也不过低，特别要考虑如何充分发挥电教媒体的作用，克服形式主义。

（二）师生积极参与活动原则

电化教学过程与一般教学过程一样，是教与学相互作用的双边活动，不能只有教师的积极性而没有学生的积极性。只有具备教与学这两方面积极性，才能形成生动活泼的教学过程，增强教学的活力。

在教学过程中，教师是知识的传播者，起主导作用。整个教学过程要由教师根据教学的目的和要求，有计划地对学生进行知识传播。电化教学过程中，教师通过编制电教软件、精心设计教案和选择电教媒体，实现传播教学信息的任务；还要选择适当的教学方法，引导学生进行学习。因此，教师的主导作用在教学中更为重要和突出，教学对教师的要求也更高。

当然，要搞好电化教学，教师的主导作用只是双边关系的一个方面，教师的教必须通过学生的学才能达到教学目的。因此，必须充分发挥学生的主体作用。在电化教学中，学生的主体作用主要表现为良好的学习态度。另外，要调动学生学习的主动性和积极性，从而取得较好的学习效果。

（三）媒体选择与组合最优化原则

媒体的选择与组合包括电教媒体和其他教学媒体进行有效的搭配选择，最优化是对媒体选择与组合提出的要求。最优化不等于理想化，是在现有条件下所能达到的最佳效果。因此，在选择电教媒体时，要根据教学内容和本校的具体条件，利用现有的电化教学媒体，尽可能地使教学达到最佳效果。贯彻这个原则时，应注意以下几点：

1. 选择教学媒体时，要考虑教学需要和各种媒体的功能及特点。

2. 要考虑现实条件，即现有设备和经济条件。

3. 选择媒体组合时要合理。要把各种媒体的使用有机地结合起来，合理地应用于教学过程中，力求使各种媒体的长处在教学中充分发挥出来。

（四）视听与思考相结合原则

电化教学中，学生接收信息时离不开视听。人们在接收信息时要感知、理解，而且人们的思维活动离不开词语。只有坚持视听、思考、词语相结合才能使学生的形象思维转化为抽象思维，由感性认识上升到理性认识。要贯彻这一原则，教学中教师必须周密地组织学生看和听，既为学生提供丰富的感性材料，又要善于用语言做恰如其分的讲解，提高认识，形成概念，做到图像与词语的统一，使学生的观察能力和思维能力都得到发展。运用这个原则时要注意以下几点：

1．要精心指导学生视听。

2．要充分利用电教媒体提供的感性材料和学生的形象思维，在教学内容的重点、难点和关键处进行启发诱导，揭示方法，开拓思路。

3．要注意发挥词语的作用特别是让学生用自己的语言参与认识活动过程。

（五）反馈原则

反馈是取得最佳教学效果的一个重要条件。在教学活动中，教师只有及时通过反馈信息，不断地调控教学过程，才能实现教学的目的。所谓教学反馈，就是指从教学对象处获得信息，以作为调控教学过程的依据。通过学生对教师的反馈，教师才能知道学生对知识掌握的程度，从而可以调节教学内容、方法和时间。贯彻这个原则时，应注意以下几点：

1．教师应经常注意来自学生的各种反馈信息，并对反馈信息进行及时、准确的评价，及时调整教学方法和进度，做到教其所学、解其所惑、有的放矢。

2．要发挥电教媒体的作用，利用反馈，实现调控的优势，即用电教手段将学生的各种反馈信息表现出来，有利于对教与学的调节。

3．教师与学生要建立各种形式和途径的反馈联系。如：当堂提问、测验，课后的辅导、答题，平时的作业，阶段性的考试以及召开座谈会征求意见，甚至师生双方的表情、眼神、动作等。

六、教师电化教学课设计

（一）电化教学课设计的定义

电化教学课设计是课前的一项重要准备工作，是规划教学过程的系统方法。它是应用系统的观点去分析和处理电化教学过程的方法。

教学设计的根本目的是促进教学过程最优化，所以电化教学媒体进入课堂教学后，如何充分发挥电教媒体的优势，电教媒体如何与传统教学媒体恰当结合，从而提高教学质量，在很大程度上取决于教学设计。

（二）电化教学课设计的基本内容

1. 确定教学目标。根据教学大纲的要求，明确本节课的教学目的、要求和教材的重点、难点，合理选择电教媒体，突破教学难点，解决教学重点。

确定教学策略，即科学地安排教学程序和合理地选择教学方法。教学程序在原则上是由教材内容顺序决定的。设计教学程序时，对于怎样导入新课、电教媒体何时运用、怎样运用、运用电教媒体时要解决哪些问题、电教媒体如何和传统教学媒体有机地结合等，都应有明确而周密的安排。使用电教媒体也要讲究方法，方法不当必然影响教学效果。教师要根据教材和学生的实际情况，选择恰当的演播方法。

（三）电化教学课设计的步骤

电化教学课的设计可分为三个阶段，即分析阶段、计划阶段和评价阶段，每一阶段又有其各自不同的任务和内容。

1. 分析阶段

这个阶段的任务是明确一般教学目的，分析学生的特征，然后制订出具体的教学目标。在进行电化教学课设计时，教学目标的确定，是依据课本，但又不局限于课本，要充分考虑到教学系统的环境。

2. 计划阶段

这一阶段是教学设计的核心，它包括选择教学内容、模式、方法、媒体与确定教学的步骤等，也就是确定教学策略。教学策略是指为达到预期的教学目标而采取的策略，也就是选择要达到预期教学目标所需要的资源、程序和方法等。

3. 评价阶段

这一阶段的任务就是检查学生的学习是否达到了预期的教学目标、掌握的程度如何、困难在哪里等，以便修正教学过程的其他环节。传统教学的学习评价，是在学生之间进行的，着眼点是看谁第一、第二、第三，谁应该升级、谁应该留级。而在新的教学设计思想中，测验的目的是看学生是否达到了预定的教学目标。于是即使测验的结果是学生的成绩不及格，测验本身也可能是成功的，因为通过测验，发现了问题，可以修正其他的教学环节。

　　传统教学系统设计和电化教学系统设计最明显的区别在于，前者是以教学内容确定教学目标，而后者是以课程、目标来确定教学内容。内容确定后，要先对学生初始能力进行测验，了解学生初始情况，接着是媒体的选择与组织实施，最后是检查评价。通过检查评价，发现到底在哪个环节上有问题：如果是原定目标过高，就要修改目标；如果是内容选择不当，就要修改内容；如果是媒体选择或运用不恰当，就要重新选择或制订媒体运用方案。

参考文献

[1]贾晓波.心理健康教育与教师心理素质[M].北京:中国和平出版社,2000.

[2]王以仁,陈芳玲,林本乔.教师心理卫生[M].北京:中国轻工业出版社,1999.

[3]缪建东.家庭教育社会学[M].南京:南京师范大学出版社,1999.

[4]辛涛,林崇德.教师心理研究的回顾与前瞻[J].心理发展与教育,1996(4):45-51.

[5]林学斌.对教师心理素质内涵的思考与认识[J].大连教育学院学报,2002.18(3):73-74.

[6]王荣德.论现代教师人格的塑造[J].中国电力教育,2001(2):40-44.

[7]李伟等.心理学百科全书[M].杭州:浙江教育出版社,1996.

[8]李淑琦等.心理学与心理卫生[M].北京:科学技术文献出版社,1999.

[9]王斌华.发展性教师评价制度[M].上海:华东师范大学出版社,1998.

[10]B.A.苏霍姆林斯基.给教师的建议[M].杜殿坤,编译.北京:教育科学出版社,1984.

[11]H.A.彼得洛夫.论人民教师的威信[M].方德厚,译.上海:作家书屋,1951.

[12]傅道春.教师的成长与发展[M].北京:教育科学出版社,2001.

[13]刘本固.教育评价的理论与实践[M].杭州:浙江教育出版社,2000.

[14]皮连生.学与教的心理学[M].上海:华东师范大学出版社,2011.

[15]苏达礼.救救孩子素质教育的呼唤[M].北京:中国城市出版社,1998.

[16]刘永曾,鲍东明.捕捉最佳教育时机[M].大连:辽宁师范大学出版社,1995.

[17]闫承利.教学最优化艺术[M].北京:教育科学出版社,1995.

[18]李如密.教学艺术论[M].济南：山东教育出版社，1995.

[19]商继宗，钱颖.教学方法：现代化的研究[M].上海：华东师范大学出版社，2001.

[20]钟启泉，崔允，张华.为了中华民族的复兴为了每位学生的发展[M].上海：华东师范大学出版社，2001.

[21]李方.课程与教学基本理论[M].广州：广东高等教育出版社，2002.

[22]陈旭远.中小学教师视野中的基础教育课程改革[M].长春：东北师范大学出版社，2005.

[23]杨启亮.困惑与抉择——20世纪的新教学论[M].济南：山东教育出版社，1995.

[24]基础教育课程改革教师培训教学研究组编.新课的理念与更新[M].北京：北京师范大学出版社，2001.